Hans Werner Dannowski

„Wie schad, daß ich kein Pfaffe bin"

Wilhelm Busch und die Religion

LVH

Für die Genehmigung zum Abdruck der Reproduktionen aus der dreibändigen historisch-kritischen Gesamtausgabe der Bildergeschichten Wilhelm Buschs danken wir herzlich Herrn Hans Ries, Gilching, dem Wilhelm-Busch-Museum, Hannover, sowie der Schlüterschen Verlagsgesellschaft, Hannover, und der Typoscript GmbH, München.

Bibliografische Information Der Deutschen Nationalbibliothek

Die Deutsche Nationalbibliothek verzeichnet diese Publikation in der Deutschen Nationalbibliografie; detaillierte Daten sind im Internet über http://www.d-nb.de abrufbar.

© Lutherisches Verlagshaus GmbH, Hannover 2008
www.lvh.de
Alle Rechte vorbehalten
Umschlaggestaltung: Andreas Klein, Stilfrei Grafikatelier, Hannover
Satz und Layout: Liselotte Lüddecke, Grafik-Design, Hannover
Reproduktionen: Typoscript GmbH, München
Druck- und Bindearbeiten: MHD Druck und Service GmbH, Hermannsburg

ISBN 978-3-7859-0980-5

Printed in Germany

Inhalt

Zur Einleitung 6

„Man höret nicht auf die Geistlichkeit" 8

„Die Rosen haben sich vom Raupenfraß erholt" 21

„Dem Biedermanne wachsen keine Flügel" 26

„Aber wo ist Frömmigkeit?" 31

„Und Bosheit ist sein Lieblingsfach" 41

„Wie man's treibt – mein Kind – so geht's!" 56

„Mein Vater war Krämer" 72

„Dem Teufel fällt's von selber zu" 86

„Hier wird kein Freund vom Freund geschieden" 91

„Du siehst die Weste, nicht das Herz" 116

Anmerkungen 120

Zeittafel 127

Zur Einleitung

Meine Begegnung mit Wilhelm Busch hat sich nicht kontinuierlich, sondern eher stoßweise entwickelt. Man ist natürlich, wenn man in Hannover lebt und arbeitet und kulturell interessiert ist, Mitglied der Wilhelm-Busch-Gesellschaft und geht im Wilhelm-Busch-Museum ein und aus. In den 80er Jahren hatte ich eine alte Dame, die eine Großnichte von Wilhelm Busch war, auf ihren Wunsch hin auf dem Friedhof von Mechtshausen zu beerdigen und habe in der dortigen Kirche die Trauerfeier gehalten. Sie hatte als Kind, so wurde mir erzählt, den Besuchen vom Uronkel Wilhelm entgegengefiebert, weil dieser sie immer mit in die Konditorei zum Eisessen nahm. Zu meiner Überraschung bat mich die Leitung der Wilhelm-Busch-Gesellschaft, zum 75. Bestehen der Wilhelm-Busch-Gesellschaft die Festrede zu halten. Als ich entdeckte, dass zum 50-jährigen Jubiläum Golo Mann mein Vorredner gewesen war, habe ich mich noch einmal kräftig ins Zeug gelegt. Die Rede ist im „Satire-Magazin 2005" der Busch-Gesellschaft publiziert.

Dann kamen anlässlich der Busch-Jubiläen 2007 und 2008 die verschiedensten Vortragsveranstaltungen, die mich dazu brachten, mich noch einmal intensiv mit Wilhelm Busch zu beschäftigen. Meine Vermutung, dass bei den unendlich vielen Publikationen über Wilhelm Busch eigentlich alles gesagt worden ist, wurde dabei gründlich erschüttert. Auch mein Vertrauen in die unbefragbare Autorität der angeblichen Busch-Kenner erlitt erheblichen Schiffbruch. Oftmals hat der eine nur vom anderen abgeschrieben, so schien es mir. Von den diversen Busch-Interpreten habe ich – unter den lebenden Autoren – nur einen voll bewundern gelernt: Hans Ries, der mit seiner 10-jährigen Arbeit an der dreibändigen historisch-kritischen Ausgabe der Bildergeschichten Buschs eine Grundlage geschaffen hat, die uns alle überdauern wird. (1)

So ist dieses kleine Buch entstanden. Es ist meine ganz persön-liche Sicht auf Wilhelm Busch, und es wird in keiner Hinsicht ein Ende der Fragen nach der religiösen Dimension im Leben und Werk von Wilhelm Busch sein. Die Diskussion wird weitergehen, und mehr als eine Anregung dazu wird niemand geben können.

Linde Sturm hat wieder einmal in bewährter Souveränität und Sorgfalt das druckfähige Manuskript erstellt. Ich danke ihr sehr herzlich dafür!

22. Februar 2008   *Hans Werner Dannowski*

„Man höret nicht auf die Geistlichkeit"

Da ist der hoffnungsvolle Sprössling Hieronymus Jobs. Sohn des ehrwürdigen Herrn Senators Jobs und der Frau Senatorin, einer geborenen Plappelplar. Eine Reihe von Mädchen hatten die beiden schon in die Welt gesetzt; aber der männliche Nachkomme fehlte leider.

> *„Darum so war ihr Streben und Sinnen,*
> *Demnächst einen Knaben sich zu gewinnen."*

Hieronymus wird glücklich geboren, wächst auf, ist ein rechter Tunichtgut.

> *„Öfters noch sprach der Rector Bax:*
> *,Der Junge, der bleibt ein fauler Lax.'"*

Aber die Eltern träumen von einer großen Karriere ihres Nachkommen, wie könnte das bei solchen Eltern auch anders sein. Die befragte Zigeunerin beschreibt seine Zukunft geradezu als die Ankunft eines neuen Heilsbringers, als einen Jesus redivivus:

> *„Dereinst wird der Herr Sohn auf Erden*
> *Ein Mann von großem Ruhme werden.*
> *Er wird ermahnen, er wird belehren.*
> *Einer wird reden und Viele hören.*
> *Die Schläfer wird er auferwecken.*
> *Den Kranken ein Tröster, den Bösen ein Schrecken."*

Bei einer solchen Vorbestimmung legt sich natürlich die geistliche Laufbahn nahe. Aber Hieronymus Jobs erleidet nun nicht nur beim theologischen Studium und Examen Schiffbruch, sondern – wie man das bei Wilhelm Busch erwarten kann – auch in seinem ganzen übrigen Leben. Ja, dem prognostizierten Aufstieg folgt ein rasanter und erbarmungsloser Abstieg.

> *„Die Hoffnung, dereinst ein Pfarrer zu werden,*
> *Ist also vergeblich auf dieser Erden. –*
> *Hieronymus findet es nöthig nun,*
> *Anders wohin sich umzuthun. –"*

Die Karriereleiter geht steil in die Tiefe: Auf den Gutssekretär folgt der Privatsekretär, dann der Dorfschulmeister, der Theaterschauspieler. Am Ende ist er Nachtwächter in seiner Vaterstadt. In den kalten Nächten aber kann man sich nun leicht den Tod holen, und so schmilzt der erhoffte Ruhm des Hieronymus Jobs auf einen jämmerlichen Schlusspunkt zusammen.

> *„Punkt Zwölf erscheint der Knochenmann*
> *Und hält das Perpendikel an.“*

Nun ist das Buch der „Bilder zur Jobsiade“, das ich kurz aufgeschlagen habe, kein ganz genuiner Wilhelm Busch. Es ist eines der wenigen Auftragswerke, an denen Busch mitgearbeitet hat. Karl Arnold Kortum, ein Bochumer Arzt, der schon 1824 verstorben war, hatte die satirische Biographie dieses Taugenichts verfasst, zu dem Wilhelm Busch auf Anregung eines Verlegers die Illustrationen liefern sollte. Aber als das Buch im Berliner Verlag Grote nicht erschien, übernahm Busch den ganzen Stoff, verfertigte eigene Verse und brachte das Buch 1872 bei seinem eigenen Verleger Bassermann in Heidelberg heraus. Wesentliche Elemente der ganzen Handlung sind also von Kortum übernommen. Auch das berühmte theologische Examen, bei dem Hieronymus auf die Fragen der Prüfer nach Augustinus, nach den Aposteln, nach den Engeln, nach den Manichäern nur Erinnerungen an Kneipengeschichten in den leeren Kopf kommen, stammt in den Grundelementen von Kortum. Aber gelegentlich hat Busch seine Vorlage auch kräftig ausgebaut, und das betrifft die Bereiche, in denen er sich besonders gut auskannte. Das gilt beispielsweise für die Predigt des Kandidaten Hieronymus Jobs.

Nachdem der Vater dem Studenten der Theologie den Geldhahn zudreht, kommt er nach Hause, hat sich klugerweise eine Predigt, die ein Freund verfertigt hat, in die Tasche gesteckt und steigt sofort in seiner Heimatgemeinde auf die Kanzel. In zehn Bildern hat Wilhelm Busch diese erste (und einzige) Predigt des Pfarramtskandidaten Hieronymus Jobs dargestellt. Salbungsvoll und gesammelt, ganz geistliche Autorität, mit der Bibel in Prozessionshaltung, steigt Hieronymus die Treppe zur Kanzel hinauf.

„Schon am nächsten Sonntag betrat

Hieronymus die Kanzel als Kandidat."

Ohne Umstände und Schnörkel legt er los, zählt die Teile der Predigt an den Fingern ab, die Hände über Kreuz, den Blick gerade nach unten, auf die Gemeinde gerichtet.

„Er sagt es klar und angenehm,

was erstens, zweitens und drittens käm."

Der Prediger sucht sofort das Einverständnis der Gemeinde, die rhetorischen Fragen sind ein gutes Mittel. Hieronymus schlägt sich an die Brust, blickt klagend gen Himmel, man bekommt direkt Mitleid mit seinem Leiden.

„Erstens, Geliebte, ist es nicht so?

Oh, die Tugend ist nirgendwo!"

Der Prediger aber kann sich noch steigern, jetzt fängt er an zu weinen, wischt sich die Tränen, reckt die linke Hand, die auf der Herzseite, verzweifelt in die Höhe.

„Zweitens, das Laster dahergegen

Übt man mit Freuden allerwegen."

Kunstworte wie dahergegen und allerwegen gebraucht der Prediger sogar, die man diesem Hohlkopf Hieronymus gar nicht zugetraut hätte; aber es ist ja auch die offenbar gut memorierte Predigt eines klügeren Freundes. Der Prediger wird nachdenklich, ein breites Grinsen verklärt sein Gesicht, er lehnt sich zurück. Offenbar hat er eine Lösung des Problems parat, die er der Gemeinde mit offenen Händen darreicht.

„Wie kommt das nur? so höre ich fragen.
Oh, Geliebte, ich will es Euch sagen."

Und dann verbirgt er sein offensichtlich genussvoll lächelndes Gesicht hinter der vorgestreckten Hand, denn er ist ja nun auf des Pudels Kern vorgestoßen; stützt sich mit dem rechten Ellenbogen auf die Kanzel und weist mit dem Zeigefinger der Linken stracks nach unten.

„Das machet, drittens, die böse Zeit,
Man höret nicht auf die Geistlichkeit."

Damit ist der Höhepunkt der Predigt erreicht, der Prediger gerät völlig außer sich, seine Entrüstung kennt keine Grenzen, man hört geradezu seine Stimme unheilvoll durch die Kirche donnern, mit allen zehn Fingern weist er nach unten, um sozusagen die ganze Gemeinde in dieses Urteil einzuschließen. Die Augen schauen scheel um die Ecke.

„Wehehe denen, die dazu rathen;

Sie müssen all in der Hölle braten!!"

Das Wehe wird kunstvoll zu einem Verdammungsruf gesteigert, geradezu die prophetische Höhe der Anklage erreicht dieser Prediger. Aber der Prediger kann sich selbst noch überbieten, mit hochgehobenen Fäusten donnert er auf die Kanzelbrüstung und wahrscheinlich tritt er auch unten fast den Kanzelboden entzwei.

„Zermalmet sie! Zermalmet sie!
Nicht eher wird es anders allhie!"

Das Urteil ist gesprochen, die Vollstreckung geschieht verbal, da wird ein anderer dafür sorgen.

So, das war die Predigt des Gesetzes, und man sieht geradezu im Geiste die Gemeinde zerknirscht in sich zusammensinken. Umso überraschender ist der Umschwung. Denn jetzt kommt die Predigt des Evangeliums. Übergänge gibt es nicht, sondern nur den radikalen Sprung in die Gnade Gottes hinein.

„Aber Geduld, geliebte Freunde!

Sanftmüthigkeit ziert die Gemeinde!"

Der Prediger strahlt, mit hochgezogenen Augenbrauen, und hat fast einen Heiligenschein, die Hände sind zum flehentlichen Gebet erhoben. Sehr plausibel ist das alles nicht, wie soll die Sanftmütigkeit gegen die böse Zeit ankommen, und eine Christusverkündigung ist das alles auch nicht. Aber man muss dem Prediger zugute halten: Von einer solch gewaltigen Predigt des Gesetzes kann man nur erschöpft sein. Jedenfalls hat er seine Pflicht und Schuldigkeit getan. Und so steigt er von der Kanzel herab mit vorgewölbter Brust, stolz wie Oskar, möchte man am liebsten sagen, die Bibel trägt er jetzt lässig an der Seite.

„Als Hieronymus geredet also,

Steigt er herab und war sehr froh."

Die Reaktion der Gemeinde kommt hinterher, und die ist so un-differenziert und unsicher, wie man das bei einer solchen Predigt erwarten kann.

„Die Bürger haben nur grad geschaut.
Und wurde ein großes Gemurmel laut:

Diesem Jobs sein Hieronymus
Der erregt ja Verwundernuß!"

Eine umwerfende Persiflage der Predigt hat Wilhelm Busch in den „Bildern zur Jobsiade" geliefert; ich kenne keine bessere. Ich kenne vor allem keine, die aus einer genaueren Kenntnis der Kirche und der Predigt stammt. Ja, mit der Kirche und mit dem Glauben, ob evangelisch oder katholisch, da kennt sich dieser Einsiedler von Wiedensahl und Mechtshausen bestens aus. Nicht umsonst hat er sein Leben lang in protestantischen Pfarrhäusern gelebt. Als Kind und Jugendlicher bei seinem Onkel, dem Pastor Georg Kleine in Ebergötzen und Lüthorst. Nach seinem Studium und dem Tod seiner Eltern in Wiedensahl bei seinem Schwager und seiner Schwester, dem Pastor Hermann Nöldeke in Wiedensahl. Nach dem frühen Tod des Schwagers mit seiner Schwester Fanny im Pfarrwitwenhaus in Wiedensahl. Schließlich, mit Fanny zusammen, bis zu seinem Tod bei einem seiner beiden Pastorenneffen, Pastor Otto Nöldeke in Mechtshausen. Und er hat offenbar gerne in diesen protestantischen Pfarrhäusern gelebt. Seinen Onkel Georg Kleine hat er hochverehrt und hat ihn bis zu dessen Tod in hohem Alter 1897 immer wieder in Lüthorst besucht. Zu seinem anderen Pastorenneffen, Hermann Nöldeke in Hattorf am Harzrand, ist er immer wieder gerne und auch für längere Zeit gefahren, und ist dorthin auch vor dem Geburtstagstrubel anlässlich seines 70. Geburtstags ausgewichen. (2)

Wie oft wird Wilhelm Busch es miterlebt haben, dass sein Onkel, sein Schwager, seine Neffen in ihren Studierzimmern ihre Predigten halblaut oder laut memorierten. Der freie Vortrag der Predigt war damals eine absolute Notwendigkeit, und dabei half – bei oft fehlender spontaner Eloquenz – nur das wortwörtliche Memorieren der vorher geschriebenen Predigt. Das Einstudieren bestimmter Bewegungen wird damit auch oft genug verbunden gewesen sein. Und wie oft mag Wilhelm Busch solche Predigten gehört haben, die mit einer gewaltigen Weltanalyse und einem großen Kanzeldonner begannen und am Ende die Gedanken völlig folgenlos und ergebnislos wie in einem Loch verschwinden ließen. Wenn es stimmt, dass bei Wilhelm Busch selbst die Anschaulichkeit den Vorrang hat, dass er erst die Bilder gezeichnet und dann die Verse gereimt hat (3): Dazu hat Busch bei der Predigt persönliche Anschauung genug gehabt.

Aber die Vorkenntnisse des Poeten gehen in kirchlichen Dingen weiter und tiefer. Wiedensahl gehört zum Stiftsbezirk des Klosters Loccum, und Loccum ist der Ort des ersten und lange Zeit einzigen Predigerseminars der Landeskirche Hannover. Das Kloster Loccum, in das auch 1884 sein Neffe Hermann als Kandidat einziehen wird, ist Wilhelm Busch mit allem, was sich dort ereignet – wie seine Briefe ausweisen – wohlvertraut. Zumal man die Ergebnisse der Loccumer Ausbildung der Pastoren in den Gemeinden und auf den Kanzeln ringsum studieren kann. In der Predigtausbildung (Homiletik) aber ist der berühmte „Loccumer Dreischritt" eine Selbstverständlichkeit, dessen Nachwirkungen weit in die 50er und 60er Jahre des 20. Jahrhunderts reichen und dessen Auswirkungen ich auch noch in meiner eigenen Predigtausbildung erlebt habe. Predigt ist in diesem Verständnis Themapredigt. Es ist die Kunst des Predigers, den vorgeschriebenen Predigttext in seinem Kern thematisch zu erfassen und seine Bandbreite in einem Dreischritt auszulegen. Gedruckte Gliederungsvorschläge einer Predigt haben eine starke Konjunktur. Aber schon an der Gliederung ist zu erkennen, ob der Prediger den Bibeltext wirklich erfasst hat, um ihn dann für die Gemeinde auszulegen.

Wie das in der Praxis einer normalen Gemeindepredigt aussieht, kann man am deutlichsten an den Predigten des wichtigsten hannoverschen Kirchenmannes jener Zeit, an Gerhard Uhlhorn studieren. Uhlhorn wurde 1878 Abt von Loccum, hatte aber schon früher als Schlossprediger und Stadtsuperintendent von Hannover durch seine Predigten und Vorträge wie durch seine Mitwirkung im Konsistorium eine weitreichende Bedeutung für die gesamte Landeskirche. 1869 erschienen seine „Predigten auf alle Sonn- und Festtage des Kirchenjahres", die er später zu „Predigten über alle Episteln und Evangelien des Kirchenjahres" erweiterte. Diese beiden Bände des Loccumer Abts gehörten zur Standardausstattung jeder Pfarramtsbibliothek und standen sicher auch bei Wilhelm Buschs Schwager in Wiedensahl. Schon in der Einleitung der Predigt muss die Gliederung genannt werden, damit die Gemeinde der Predigt gut folgen kann (und auch weiß, wann sie zu

Ende geht). Den Mammuttext Lukas 10, 23-42 zum 13. Sonntag nach Trinitatis, der die Frage des Schriftgelehrten nach dem höchsten Gebot, das Gleichnis vom barmherzigen Samariter und die Geschichte von Maria und Martha aneinanderreiht, fasst Uhlhorn in das knappe Thema: „Eins ist not!" Die Gliederung ist ähnlich knapp: I. Eins fragen; 2. Eins thun; 3. Eins glauben. Hier kapituliert offensichtlich schon in der Gliederung der Prediger vor der Komplexität des Bibeltextes. (4) Bei anderen Gliederungen ist leichter zu ersehen, worauf der Prediger hinaus will. Die Predigt zu Johannes 4, 47-54 über die Heilung des Sohnes eines königlichen Beamten stellt Uhlhorn unter das Thema: „Wunder und Glaube". Die drei Sätze, die das Predigtthema gliedern, lauten: „1. Wir glauben an den Herrn nicht um seiner Wunder willen; 2. wir glauben aber auch nicht an ihn ohne seine Wunder oder gar trotz seiner Wunder, sondern 3. wir glauben an ihn in seinen Wundern." (5) Die theologische Mühe und Arbeit dieses Predigers ist an dieser Predigtgliederung deutlich zu erkennen. Auch das Dilemma eines solchen Predigtverständnisses liegt auf der Hand. Höchstens ein wenig Neugierde ist geweckt, wie der Prediger das alles entfalten wird. Aber das Überraschende, das Unvorhergesehene einer mündlichen Rede ist dahin.

Dementsprechend verzichtet Busch auf einen Bibeltext am Anfang der Predigt, um die ganze Wucht dieser angeblichen Anklage- und Verdammungsrede wie aus heiterem Himmel auf die konsternierte Gemeinde herniederprasseln zu lassen. Der Verzicht auf den biblischen Predigttext hat aber wohl noch einen persönlichen Hintergrund. Die Hochachtung vor dem biblischen Wort, die für Busch selbstverständlich war, setzt sich gegen die Versuchung durch, dieses in eine kirchenkritische Persiflage einzubeziehen. Es gibt eben Dinge, die für ihn unantastbar sind. Wie er es zwei Jahre vor seinem Tod in einem Brief aus Mechtshausen an Nanda Keßler beschreibt: „Ich bin überzeugt, daß gewisse heilige Worte unverändert von Mund zu Mund durch die Jahrhunderte kommen. Sie dringen noch heute an die Herzen, als ob sie eben gesprochen wären. – Das ist mir genug. Mir. – Wer Lust hat zu zweifeln, mag sehen, wie er fertig wird." (6) Aber die Predigt und den Prediger, den nimmt Wilhelm Busch zielgenau ins Visier. Ja, es mag sogar sein, dass Buschs Vorliebe für die „nummerierte Gliederung eines Gedankenganges" (7) aus dem rhetorischen Gestus seiner Predigterfahrung kommt

> *„Eins, zwei, drei, im Sauseschritt*
> *läuft die Zeit, wir laufen mit." (8)*

Aber nicht nur im äußeren Erscheinungsbild der Kirche und in ihren Ritualen ist Busch zu Hause. Wenn es darauf ankommt, wie etwa bei den Heiligengeschichten des „Antonius von Padua" oder der Jesuitengeschichte des „Pater Filucius", dann steht Wilhelm Busch das ganze Vokabular der Theologen zur Verfügung.

> *„Kurzum! Man sah an diesem Knaben*
> *Schon früh die Keime jener Gaben,*
> *Die er in gnadenvoller Zeit*
> *Gepflegt zum Ruhm der Christenheit." (9)*

Die Gnabengaben des Geistes, die gnadenvolle Zeit des Herrn, der Ruhm Gottes und der Ruhm der wahren Christenheit: Das fließt dem Poeten so einfach aus der Feder. Wilhelm Busch ist ein hervorragender Kenner der Bibel in der Übersetzung Martin Luthers, das spürt man auf Schritt und Tritt. Dass Busch, wie sein Verleger Bassermann berichtet, gelegentlich bei Gesprächen in kleinem Kreise den Gastgeber die Bibel holen ließ und mit den anderen bis zum Morgen über Jesus Sirach und über alle möglichen Glaubenslehren diskutierte (10), das will man gerne glauben, wenn man in der Ausstellung des Geburtshauses Buschs in Wiedensahl seine zerlesene Lutherübersetzung des Neuen Testaments im sehr kleinen Format von 1863 betrachtet. Auch auf die Gretchenfrage, die Busch bezeichnenderweise nur von Frauen gestellt worden ist:

> *„Nun sag, wie hast du's mit der Religion!*
> *Du bist ein herzlich guter Mann,*
> *Allein ich glaub', du hältst nicht viel davon." (11)*

weicht er nicht aus ins Unverbindliche wie Faust („Wer darf ihn nennen? Und wer bekennen?"). Im Briefwechsel mit der Holländerin Maria Anderson hat sich Busch durch die Fragen dieser Frau zu erstaunlich ausführlichen und dichten theologischen und philosophischen Bekenntnissen provozieren lassen. Und in dem späteren Briefwechsel mit der Enkelin seines Onkels Georg Kleine, Grete Meyer, die ihn, auch bei gelegentlichen Besuchen, durch ihr munteres Wesen und durch ihr Klavierspiel erfreute, hat sich Busch Glaubensäußerungen von erstaunlicher Schlichtheit entlocken lassen. „Sei bedankt für deinen nüdlichen Brief. Du tippst an die religiöse Seite. Ja, da muß ich sagen, was ich schon oft gesagt habe: Der Glaube ist so was wie die Liebe; er beruht nicht auf Gründen, sondern auf Ursachen. Deshalb ist mit dem Verständnis nicht viel zu machen dabei. Weder für noch wider, und darum überlassen wir den Rationalismus wohl am besten den aufgeklärten Hausknechten und Gemüsefrauen." (12) So dass ein erstes vorsichtiges Urteil lauten könnte: Wilhelm Busch ist, schon allein von seinen äußeren Lebensumständen her, tief und intensiv im protestantischen Glauben und Leben beheimatet. Und man könnte seinem Neffen Hermann Nöldeke das Wort geben, der nach Buschs Tod gesagt hat: „Echte Religiosität, eine ernste, tiefe Frömmigkeit war der Grundzug im Wesen meines Onkels." Seine Frömmigkeit trug er niemals zur Schau, kirchlich-fromm war er nicht, religiöses Getue mochte er nicht und religiöse Heuchelei wie jede andere war ihm zutiefst verhasst. Aber: „Er war ein *überzeugter* Christ und Protestant". (13) So scheint die Frage nach der religiösen Verankerung des Poeten und Malers Wilhelm Busch erst einmal positiv beantwortet zu sein.

„Die Rosen haben sich vom Raupenfraß erholt"

Aber offensichtlich ist das alles nur die eine Seite der Sache. Wenn man die Briefe von Wilhelm Busch gründlich studiert, so ergibt sich – im Großen und Ganzen – ein völlig anderes Bild. Auf religiöse Fragen kommt Busch, wenn er nicht gerade gefragt wird (wie oben dargelegt), nie zu sprechen. Die Briefe aus der Weihnachtszeit beschränken sich auf die Fragen, ob man Weihnachten mit einem Baum gefeiert hat oder nicht, und wer dabei gewesen ist. Auch wenn Busch, besonders in den jüngeren Jahren, kein großer Kirchgänger gewesen ist: Nie gibt es von ihm eine Reaktion auf einen Gottesdienst oder eine Predigt, nie gibt er zu erkennen, dass ihn irgendetwas wirklich bewegt von dem, was ihm in der Kirche oder in den Gemeinden, in denen sein Schwager oder sein Neffe arbeitet, begegnet ist.

Sicher, in die Kirchenpolitik mischt er sich gerne ein, aber nur, wenn es um die Anstellung seiner beiden Theologenneffen geht. Als sein Neffe Hermann vor dem zweiten theologischen Examen steht, sich nach einer ersten Pfarrstelle umschaut und seine Augen auf Hattorf geworfen hat, bittet er seinen Freund Erich Bachmann in Ebergötzen, sich genauestens über die Verhältnisse in Hattorf zu erkundigen. „Und bitte ich dich, mir mitzuteilen, wie beschaffen und wie groß und aus welchen Quellen das Einkommen fließt, ob hauptsächlich aus Landpacht und dergl. oder auch aus Zinsen und Kapitalien." (14) Sogar um die mögliche Arbeitsbelastung kümmert er sich. Im nächsten Brief, nach der ersten Antwort von Erich Bachmann, heißt es: „Die Einwohnerzahl ist größer, als ich dachte, aber auch das würde angehen, da keine Filialen dabei sind, wenn nicht etwa bei jedem Todesfall, deren vielleicht 60 im Jahr vorkommen, in der Kirche eine vollständige Leichenpredigt gehalten werden muß, was für einen jungen Pastor, der jede Predigt ganz ausarbeiten muß, etwas viel wäre und ihn leicht veranlassen würde, drüber weg zu hudeln. So viel ich aber weiß, sind solche Predigten in dortiger Gegend nicht Sitte.

Bitte, theile mir doch mal mit, ob dies der Fall oder nicht." (15) Und als 1892 sich die Besetzung der vakanten Pfarrstelle in seiner eigenen Gemeinde Wiedensahl länger hinzieht, vermutet Busch in nahezu gleichlautenden Briefen an seine Neffen Hermann und Adolf, dass man in der Kirchenleitung wohl Angst bekommen habe wegen des Falles des Württemberger Pfarrers Christoph Schrempf, der soeben wegen seiner kritischen Haltung zum kirchlichen Bekenntnis entlassen worden war. Dass man nun nach jemand mit der „richtigen Kulör" suche, „so daß er, nach Loccum hin, nicht liberal abfärbt, sondern schwarz". (16) Starkes Misstrauen gegen orthodoxe Tendenzen in der eigenen Kirche wird man herauslesen können, aber nicht mehr. „Na! warten wir ruhig ab, was kommt; Hermann kommt jedenfalls nicht." (17) Er engagiert sich kirchlich und echauffiert sich sogar, wenn es um seine Familie geht. Aber von der Taufe seines Patenkindes in Hattorf weiß er nur Äußerlichkeiten zu erzählen: Vom „stattlichen Festzug" in der warmen Mittagssonne, von der Speisenfolge beim Mittagessen. „Als das Irmgardchen 's Wasser gespürt hat auf dem Kopfe, hat's ein Gesicht gemacht, so ein verzwicktes, daß der ernste Gevattersmann doch ein wenig hat lächeln müssen." (18) Eine innere religiöse Anteilnahme an dem, was sich in den kirchlichen Ritualen vollzieht, sieht anders aus.

Und wenn man sich speziell den Briefwechsel Buschs mit den Theologen seiner Familie anschaut, hat man – bis auf die Besetzungs- und Umzugsfragen – nie den Eindruck, dass Wilhelm Busch sich in besonderer Weise um die Probleme der Berufstätigkeit dieser seiner nächsten Angehörigen gekümmert hat. Dass er mit seinem Onkel, Pastor Georg Kleine, der ein international renommierter Bienenzüchter war, sich vorzüglich über die Imkerei und vergleichbare Probleme unterhalten konnte, kann man verstehen. Aber dass selbst in dem ausgedehnten Briefwechsel mit seinem Neffen Hermann Nöldeke die Gärtnerei die Hauptrolle spielt, mag einen doch verwundern. Poetische Beschreibungen wechseln sich ab mit nüchternen Mitteilungen und Informationen. „Hier haben letzther die Erndtewagen recht geknarrt bis spät in die Nacht. Die Leute machen eine sehr gute Ernte. ... Nur die Kartoffeln, die anfangs so trefflich schmeckten, fangen an bedenklich faul zu werden. – Die Rosen haben sich vom Raupenfraß erholt. ... – In der Kölnschen steht eine Notiz über Rhabarber; es soll sich darüber ein ganz ausgezeichneter Wein bereiten lassen. Ich werde dir den Ausschnitt gelegentlich geben. Vor dem nächsten Jahr kommst du ja doch nicht dazu." (19). Man hat aus den Briefen Buschs überwiegend den Eindruck, als spiele sich die Amtstätigkeit des Pastors von Hattorf weithin in seinem Pfarrgarten ab.

Das Bild, das Wilhelm Busch von seinem eigenen Leben zeichnet, ist nicht viel anders. Ob das Wiedensahl ist oder später Mechtshausen, ob das auf Besuchen in Hattorf, Wolfenbüttel oder Ebergötzen ist: Der Ton ist überall derselbe. „Bei uns ist jetzt auch der volle und wahrhaftige Frühling gekommen. Da sitzen wir da Abends im Gärtchen unter dem alten Birnbaum; der säuselt dann so leise vor sich hin und lässt seine Blüthen herunter sinken, und manchmal fällt mir eine in den Wein hinein. Ganz fern im Stadtgraben da quacksen die Frösche; von den Linden herüber, die auf dem Walle stehen, quinquillieren und seufzen die Nachtigallen. Nach alledem, wie duselt man so gut und gottergeben in sein Bett hinein." (20) Die Schilderung einer ungetrübten Idylle könnte das sein, wenn da nicht der Nachsatz wäre: „Ganz dicht dabei, in der Wand, tickt immer eine Todtenuhr." (21) Aber man behält aus dem, was Busch von sich mitteilt, primär den Eindruck eines reich gewordenen und bescheiden gebliebenen Rentiers. Der in zwei Zimmern mit spartanischer Einrichtung, aber in angenehmer Familie und Gesellschaft sein Leben verbringt. Der mit den Jahreszeiten lebt und den Wechsel der Tageszeiten und den Wandel der Natur wunderbar zu beschreiben weiß. Der zufrieden seine Zigaretten dreht und raucht und sein Gläschen Wein dabei trinkt. Nach der Devise:

> *„Rotwein ist für alte Knaben*
> *Eine von den besten Gaben." (22)*

Eine bürgerliche Existenz par excellence scheint Wilhelm Busch zu leben, die er in seinen Bildergeschichten doch so gnadenlos geißelt: Weithin apolitisch, auf den Bereich von Familie und Freundschaft konzentriert, in beschaulicher Ruhe.

Trinklied

„Gestern ging ich wieder mal

In die Schenke schnelle,
Wie der durstge Pilgersmann
Eilt aus der Kapelle
Alldieweil der Durst so groß,
Trink ich etwas eilger
Und erglänze alsobald

Wie ein neuer Heilger."

Das „Trinklied" aus „Dideldum", dem er mit der eigenen Physiognomie, der Ich-Form und der charakteristischen Haar-Tolle persönliche Züge leiht, scheint geradezu ein Abbild seines Lebensstils zu sein. (23) Man käme, von seinen Briefen her, nie auf den Gedanken, dieses riesige und angriffslustige Werk der Bildergeschichten könnte von diesem Biedermann aus Wiedensahl stammen. Gelegentliche Episoden, wie die Zeit des Prozesses um den „Hl. Antonius" oder die intensive philosophische Debatte im Austausch mit Maria Anderson, können diesen Gesamteindruck nicht verändern. Es hat den Anschein, als handele es sich um zwei verschiedene Persönlichkeiten. Und wie das Werk von Wilhelm Busch mit der Person von Wilhelm Busch zusammengehört, ist gerade im Blick auf die religiöse Verankerung von Person und Werk die entscheidende Schlüsselfrage.

„Dem Biedermanne wachsen keine Flügel"

Es gibt in der jüngsten Zeit einen interpretatorischen Versuch, der auf hohem Niveau Person und Werk als eine Einheit zu verstehen sucht und dabei auch die religiöse Problematik als dominant für das Verständnis von Wilhelm Busch herausstellt. Es wird nicht verwundern, dass es primär eine psychoanalytische Sichtweise ist – die auch Sozialgeschichte, politische Geschichte und Literaturgeschichte einschließt –, die hier die Feder führt. Gemeint sind die Arbeiten des Tübinger Rhetorikprofessors Gert Ueding, die er schon 1977 erstmals veröffentlicht hat und die zu den Buschjubiläen 2007 und 2008 unter dem Titel „Wilhelm Busch. Das 19. Jahrhundert en miniature" vom Insel-Verlag in erweiterter Form neu publiziert worden sind.

Für Gert Ueding ist die protestantische Prägung der Dreh- und Angelpunkt in der Biographie Wilhelm Buschs. Protestantismus ist für Ueding ein Lebensgefühl und ein Weltverhalten, das alles durchdringt und das gerade auch die Sicht des Menschen prägt. „Die protestantische Anthropologie beruht auf der Überzeugung vom Menschen als einem sündigen, ungehorsamen, ja wilden Tier, das durch Schwert und Gewalt zu züchtigen sei, damit die Welt nicht im Chaos versinke." (24) Diese Menschenvorstellung, für die Ueding auch ein Lutherzitat beibringen kann, hat im 19. Jahrhundert über die Sichtweise der Aufklärung gesiegt, die zumindest das Kind als eine Kreatur jenseits von Gut und Böse ansieht. Im 19. Jahrhundert wird jede erzieherische Maßnahme zu einem „Dressur- und Unterwerfungsakt", um die Sünde und das Böse durch Disziplin und Gehorsam zu bekämpfen. Erziehung ist daher „Einübung in Schuldbewusstsein", die durch Strafpädagogik das Gefühl der Schuld im Schuldigen aufzuwecken sucht und ihn so in die menschliche Gemeinschaft einzugliedern versucht. Dementsprechend schildert Ueding den Verlauf der Kindheit Wilhelm Buschs. Strenge Eltern, die nichts von Liebe und Gefühl an ihr Kind weiterzugeben wussten. Ein Familienleben, „das gänzlich von der Logik des Krämers bestimmt war, in dem puritanische Strenge und Gefühlskälte herrschten, Wirtschaftlichkeit, Sparsamkeit und Nüchternheit die wichtigsten Tugenden waren." (25) Um dem allen die Krone aufzusetzen: Als Neunjährigen geben sie den Jungen aus dem Haus, setzen ihn dem Heimweh und der Angst aus, die auch hier wieder das „Bewusstsein einer dunklen Schuld" aktiviert.

Wie verarbeitet nun ein junger Mensch solche Permanenz der Demütigungen? Er beugt sich dem mächtigen Überich, wer immer das auch sei, entwickelt keine Größenphantasien, sondern schreibt für sich einen „Familienroman der Erniedrigung". „Reduktion ist das Stichwort für diesen Lebenslauf." Keine große und großartige Malerei, sondern Karikatur und Bildergeschichten. „Stete Verkleinerung der Bildformate." Bescheidung mit der dörflichen Idylle. Wenig Emotionen, Affekte, Gefühlserschütterungen. „Das Bewusstsein, nicht viel zu taugen von Jugend auf, hat Busch nie verlassen, in ihm drückt sich der protestantische Geist seiner Erziehung aus, der immer recht behielt, weil Buschs gesamtes Leben seiner Bestätigung diente." (26) Seine Angstfiguren lässt er tanzen, um so von ihnen Abstand zu gewinnen. Alle Lebensläufe, die er schildert und zeichnet, sind Lebensläufe in absteigender Linie, das entspricht dem eigenen Empfinden. Großes kann aus einer solchen Lebensgeschichte nicht erwachsen. Sie wird so ähnlich verlaufen, wie es Busch in einem Gedicht in seiner „Kritik des Herzens" von 1874 beschreibt, vom „schlimmen Jüngling" zum „honetten und propren Mann" geht der Weg.

> „Kurzum, er hielt sein Rößlein stramm im Zügel
> Und war, wie man so sagt, ein guter Christ.
> ‚Ich fürchte nur' – bemerkt hier der Chronist –,
> ‚Dem Biedermanne wachsen keine Flügel.'"(27)

Von diesem biographischen Ansatz aus wird Buschs gesamtes Werk erschlossen. Aber von diesem Ansatz aus kann Gert Ueding auch das Werk von Wilhelm Busch positiv würdigen. Gerade weil das 19. Jahrhundert von autoritären Herrschaftsstrukturen geprägt ist, die sich in der Erziehung durch Strafpädagogik auszeichnet und die Busch selbst erlebt und internalisiert hat, vermag er umso wirkungsvoller, sie an den Pranger zu stellen und der Lächerlichkeit preiszugeben. Busch malt und schreibt „Erziehungskomödien gegen die Zeit". Die Anschauung von der Bosheit der Kinder nimmt er auf, aber das Herrschaftsgefüge führt er – etwa durch das Missverhältnis zwischen dem Anlass (der Streiche) und den Folgen (der Vernichtung der Buben) – ad absurdum. „Gewiss ist das Kind böse, doch Eltern und Erzieher sind es nicht weniger." (28) Die „Verkleinerung der Welt" wird so bei Busch zu einem „bewussten Kunstgriff der Kritik und zum Mittel der Distanzierung. Freilich einer Kritik, die nirgendwo das Kritisierte auf ein Wunschbild oder auf einen Alternativentwurf hin überschreitet, daher seinem Bann nicht entkommen kann und in jener Nachsicht endet, die Buschs bürgerliche ‚Lebensläufe in abstracto' zur vergnüglichen Lektüre der eigentlich Betroffenen tauglich machte." (29) Nicht nur die Zusammengehörigkeit von Person und Werk Wilhelm Buschs ist damit erklärt, sondern auch die enorme Nachwirkung und Fernwirkung dieses Poeten und Bildergeschichtenmalers. Denn es ist schon sehr erstaunlich, dass die bürgerliche Welt, die sich durch die Bildergeschichten Buschs in ihrer Heuchelei, in ihrem Spießertum, in ihrer Bigotterie und Gewalttätigkeit so entlarvt sieht, dieser Dekuvrierung bis heute mit dem größtdenkbaren Vergnügen zugeschaut und ihm einen Nachruhm bereitet hat, der andere und bedeutendere Geister weit in den Schatten stellt.

Ueding hat auch dafür eine Erklärung. Die „Doppelbödigkeit" in Buschs Versen und Bildergeschichten zeigt die Ereignisse zwar immer witzig und kritisch, aber mischt in die „rücksichtslose Dekuvrierung des wahren Wesens der Dinge immer auch die Faszination, die davon ausgeht". (30) Man spürt, dass die Entlarvung des Scheins die eigene Position einbezieht, und dass in der Bloßstellung der „ehelichen Ergötzlichkeiten" der frisch vermählten Knopps auch die Sehnsucht Buschs danach eingeschlossen ist und das Bewusstsein, für immer davon ausgeschlossen zu sein. Insofern ist sein Leben, sein Dasein in Selbstbescheidung und Einsamkeit, seine baldige Regression in die Kindheit – „Busch im Gehäus niedersächsischer Pfarrhäuser" (31) – die Voraussetzung für die breite Wirksamkeit und den Erfolg seines Werkes. Es bleibt sein Verdienst, in einem Jahrhundert der Großmannssucht, der Gründerjahre und der ungehemmten Repräsentation, „die Geschichte des bürgerlichen Lebens in der zweiten Jahrhunderthälfte aus der Kammerdienerperspektive geschrieben und gemalt" zu haben. (32) Während er die Menschen in den lächerlichsten Verzerrungen zappeln lässt, verschwindet jeder Eindruck von Größe, Macht, Bedeutung, Ehrbarkeit. Erkauft ist das freilich durch Isolierung und Beschränkung, ja am Ende sogar durch die „freiwillige Selbstisolierung aus Protest gegen den Gang der Geschichte". (33) Dass Busch das alles nicht als Verkleinerung und Isolierung erkennt, sondern sein „gutes einsames Wiedensahl" preist und ständig betont, dass es für ihn nichts Besseres gäbe, bekräftigt nur seine Sehnsucht nach einem anderen Leben, als er es führt. „Die dauernde Enttäuschung dieses Wunsches verarbeitete er in seinem Werk." (34)

Mit Faszination lese und verfolge ich diese Deutung des Lebens und des Werkes von Wilhelm Busch. Aber auch mit wachsendem Misstrauen, ja mit Unwillen, mit Ärger und sogar mit Wut. Und das ist, denke ich, im Wesentlichen nicht die Abwehrreaktion eines Busch-Fans, der sein „gemütvolles, harmlos heiteres Busch-Bild" in Frage gestellt sieht, wie Ueding dies in seinem Vorwort vermutet. Dazu vermittelt mir Uedings Buch vielzu viele wichtige Einsichten; dazu fordert es mich geradezu ungeheuerlich heraus. Aber ich spüre etwas von einem totalitären Zugriff auf die Person und das Werk von Wilhelm Busch, aus dem es eigentlich kein Entkommen gibt. Die Psychoanalyse Sigmund Freuds, die mit der umstürzenden Erkenntnis eingesetzt hat, dass der Mensch nicht Herr im eigenen Hause ist: Hat sie sich – in solcher Anwendung – zu einem Machtinstrument der Deutung entwickelt, zu einem Instrument des Herrschaftswissens, aus dem es kein Entrinnen gibt?! Der schöne Satz Nietzsches, dass das Leben „ein nie zu vollendendes Imperfektum" sei, den Ueding selbst zitiert und den er auf das Gesamtwerk Buschs anwendet, deren Einzelteile er „als kleine Schritte innerhalb der großen humoristischen Verschiebungsleistung" beschreibt (35): Sollte es für die Deutung eines Lebens und eines Werkes nicht mehr gelten? Auf einer einzigen Voraussetzung beruht das ganze Haus der Interpretationen, das Ueding so stringent erbaut: Dass der Protestantismus in seinem Kern die Tradition des Schuldbewusstseins wachhält und weitergibt, und dass die Biographie des Wilhelm Busch durch sein norddeutsches Dorfmilieu und seine soziale Herkunft eben dem ausgeliefert sei. Und wenn diese Voraussetzung in dieser Verallgemeinerung gar nicht stimmt? Wenn auch der Lebensanfang von Wilhelm Busch sich so ganz anders zugetragen hat, als Ueding ihn sehen will? Dann steht natürlich erneut, und vielleicht ganz anders, die Frage nach der religiösen Verankerung des Werkes von Wilhelm Busch ins Haus, samt dem Problem, wie Person und Werk zusammengehören. Aber ehe ich mich der Auseinandersetzung mit dem Ansatz Uedings wieder zuwende, soll erst einmal Wilhelm Busch wieder direkt zu Wort kommen.

„Aber wo ist Frömmigkeit?"

Es legt sich nahe, den Durchgang durch das von Ueding so ins Extrem vorangetriebene Thema „Wilhelm Busch und die Religion" mit der „Frommen Helene" fortzusetzen. (36) Nicht nur, weil das Thema der „Frömmigkeit", das uns hier beschäftigen muss, schon im Titel der Bildergeschichte auftaucht. „Fromm sein" und „Frömmigkeit" ist überhaupt eines der beherrschenden Themen im Werk von Wilhelm Busch. Schon 1860, in Buschs Beiträgen zu den Münchener „Fliegenden Blättern", taucht die inquisitorische, ja im Kontext der ganzen Geschichte schon rhetorische Frage auf, die dann wortgleich im „Antonius von Padua" wiederholt wird: „Aber wo ist Frömmigkeit??" („Trauriges Resultat einer vernachlässigten Erziehung".) (37) Nahezu überall gerät die Frömmigkeit in das Visier des gesellschafts- und menschenkritischen Analytikers. Frömmigkeit und Tugend werden Äquivalente:

> *„Doch kommt mir Wer daher und spricht,*
> *Ich wäre gar nicht fromm*
> *Und hätte keine Tugend nicht,*
> *Das nehm ich krumm – Dideldum!"* (38)

Christ sein und fromm sein werden – im positiven wie im negativen Sinne – bei Busch nahezu austauschbar.

> *„Ja, selig ist der fromme Christ,*
> *Wenn er nur gut bei Kasse ist!"* (39)

Schon allein, dass Wilhelm Busch den Begriff der Frömmigkeit derart intensiv in seinen Bildergeschichten herausstellt, kennzeichnet ihn als Protestanten. Im Katholizismus ist er in dieser Zeit ungebräuchlich, taucht allenfalls in pastoraler Hinsicht im Begriff der „Volksfrömmigkeit" auf und ist längst durch den aus asketisch-mystischen Bewegungen stammenden Begriff der „Spiritualität" ersetzt. (40) Auch im Protestantismus hat der Begriff und das Verständnis der Frömmigkeit erhebliche Wandlungen durchgemacht. Für Luther war noch die mittelhochdeutsche Bedeutung des Adjektivs vrum (frumb) als förderlich, nützlich, treu vorherrschend (Matthäus 25, 21: „Ei, du frommer und getreuer Knecht", oder I. Korinther 6, 12: „Es frommt aber nicht alles".) Da der Begriff aber auch auf das Gottesverhältnis bezogen werden konnte, gewann er eine religiöse Färbung. (41) Im Pietismus wird das Wort dann „mit intensiver religiöser Emotion" beladen, wird dem Wort „Frömmigkeit" das „pietistische Siegel" aufgeprägt. (42) Wenn Philipp Jacob Spener von der Theologie sagt, sie stehe „nicht in bloßer wissenschaft, sondern in des hertzens affect und in der übung" (43), dann ist das die für die nächsten 200 Jahre geltende Definition von Frömmigkeit. Vollends stellt Friedrich Schleiermacher (1768-1834) die „Frömmigkeit" in den Mittelpunkt der dogmatischen Erörterung und des Lebens der Kirche. Das Wesen der Frömmigkeit sei, „daß wir uns unserer selbst als schlechthin abhängig bewußt sind, das heißt, daß wir uns abhängig fühlen von Gott." Die „höchste Stufe des menschlichen Gefühls" sei die Frömmigkeit, die alle übrigen frommen Erregungen zu „untergeordneten Entwicklungsstufen" macht. (44) Selbst Vertreter des Neuluthertums wie Adolf Harleß, den Busch in einem Brief an seinen Verleger Bassermann respektlos als „Onkel Oberbonze" bezeichnete und dessen kritischen „Jesuitenspiegel" er damals für seinen „Pater Filucius" kräftig benutzte (45), konnte sich einer solchen Definition der Frömmigkeit nicht entziehen. Die christliche Frömmigkeit sei die „Mutter aller Tugenden", meinte Harleß, und setzte sie dem „frommen Bedürfnis" und der „Scheinfrömmigkeit" entgegen. (46) Wilhelm Busch hatte also in der Theologie seiner Zeit ein reiches Begriffsarsenal, wenn er die Frömmigkeit aufs Korn nahm.

Aber Busch schaffte es doch noch, die Frömmigkeit in ein eigenes Bezugsfeld zu versetzen. Frömmigkeit bleibt bei Busch der Begriff mit dem großen Fragezeichen. Wenn ich Frömmigkeit bei Busch definieren sollte, dann würde ich sagen: Frömmigkeit ist die Haltung einer kulturellen Bewältigung des Bösen. Das Böse muss radikal bekämpft und am Ende bewältigt werden, wenn die Welt und das Leben nicht im Chaos versinken will. Frömmigkeit ist, zumindest in der mittleren Periode des Busch'schen Werkes, in der Zeit der großen Bildergeschichten, ein entscheidender Bestandteil dieser Überwindung des Bösen. Geradlinigkeit steckt in diesem Begriff der Frömmigkeit. Offenheit, Verständnis, Vertrauen, eine wahrhaftige Gottesfurcht und Gottesbeziehung, sicher auch Liebe. Dass es aber mit der Frömmigkeit nicht so weit her ist, zeigen nahezu sofort die Konnotationen, in denen „fromm" bei Busch auftaucht. Jeder kennt die Verse aus dem ersten Kapitel, in dem das Wort „fromm" in der „Frommen Helene" zum ersten Mal erscheint:

> *„‚Komm Helenchen!' – sprach der brave*
> *Vormund – ‚Komm mein liebes Kind!*
> *Komm auf's Land, wo sanfte Schafe*
> *und die frommen Lämmer sind.'" (47)*

Wenn Frömmigkeit mit den „frommen Lämmern" konnotiert wird, kann man ahnen, worauf es hinausläuft mit ihr. Und im Brief an den „Geliebten Franz" wird es fast noch schlimmer. Der hinter ihr stehende Onkel Nolte bekommt zu hören und zu lesen:

> *„Der Onkel ist gottlob! recht dumm;*
> *Die Tante nöckert so herum,*
> *Und beide sind so furchtbar fromm!*
> *Wenn's irgend möglich, Franz, so komm*
> *Und trockne meiner Sehnsucht Träne!*
> *10.000 Küsse von*
> > *Helene."*

Was von dieser Frömmigkeit zu halten ist, erfährt Helene – wenn sie es nicht schon längst wusste – sozusagen stante pede, als der Onkel Nolte ihren Kopf in das heiße Siegelwachs drückt. Mit hocherhobenen Armen und ausgestreckten Fingern, angriffsbereit wie der Teufel, das Teufelsschwänzchen schaut aus der Rocktasche, steht der Onkel hinter der Ahnungslosen. Wie man schon vermutet hat: Die Frömmigkeit des Ehepaars Nolte und der Sadismus gehen Hand in Hand (48).

„Jetzt Siegellack! – Doch weh! alsbald

Ruft Onkel Nolte donnernd ‚Halt!!!'"

34

Zum vornehmen Leben, in das Helene nach ihrer Heirat mit Schmöck aufsteigt, mag die Frömmigkeit gehören:

> *„Viele Madams, die ohne Sorgen*
> *In Sicherheit und wohlgeborgen,*
> *Die denken Pa! Es hat noch Zeit!*
> *Und bleiben ohne Frömmigkeit."*

> *„Wie lobenswerth ist da Helene!*
> *Helene denkt nicht so wie Jene. –*
> *Nein nein! Sie wandelt oft und gerne*
> *Zur Kirche hin, obschon sie ferne."* (49)

Handfeste Folgen kann die Frömmigkeit haben, wenn die Wallfahrt zu einem „frommen Mann" in einem Wallfahrtskloster der kinderlosen Gattin Segen und Fruchtbarkeit verspricht. Wie zufällig gesellt sich der frühere Liebhaber, der „gute Vetter Franz", der inzwischen Priester geworden ist, auf der Wallfahrt dazu.

> *„Traulich wallen sie zu zweit*
> *als zwei fromme Pilgersleut."* (50)

Das Versprechen wird eingelöst, der Lohn der Frömmigkeit stellt sich in der Gestalt von Zwillingen ein. Aber leider: Schmöck verschluckt sich an einer Gräte und geht dahin. Der Weg für den frommen Franz scheint frei. Aber, da ist dann auch noch die Magd.

> *„Das freut den Franz. – Er hat nun mal*
> *'n Hang für's Küchenpersonal."* (51)

Im nächsten Augenblick bekommt er von dem eifersüchtigen Diener Jean eine Flasche über den Kopf gezogen und liegt ebenfalls am Boden. Jetzt ist es nun wirklich höchste Zeit für die Frömmigkeit:

> *„Ach, wie ist der Mensch so sündig!*
> *Lene, Lene! gehe in dich!"* (52)

Helene wird es ernst mit der Frömmigkeit. Nur leider: Da ist der Alkohol:

„Es ist ein Brauch von Alters her:
Wer Sorgen hat, hat auch Likör!" – (53)

Helene kämpft gegen die Versuchung:

„Sie kniet von ferne fromm und frisch,
Die Flasche stehet auf dem Tisch." (54)

Es kommt, wie es kommen muss. Ein retardierendes Element in
dieser Geschichte gibt es noch. Wie man das beim drohenden
Untergang der Frömmigkeit erwarten kann, hat Helene im Augenblick der Krisis eine Geistererscheinung. Auf einer Wolke,
mit warnend erhobenen Händen, umstrahlt vom Glanz der
Ewigkeit, erscheint das Gewissen aus dem Jenseits.

„Oh, sieh! – Im seelgen Nachtgewande
Erscheint die jüngstverstorbne Tante."

Aber Helene scheint überhaupt nicht beeindruckt, setzt die Flasche nicht einmal ab, „gerade die auch noch", scheint sie zu sagen. Das Gleichnis „Vom reichen Mann und armen Lazarus" aus dem Lukasevangelium fällt mir ein, in dem der reiche Mann, in der Qual der Hölle, Jesus bittet, seine fünf noch lebenden Brüder durch einen Botschafter aus dem Totenreich zu warnen. Und Jesus ihm antwortet: „Hören sie Mose und die Propheten nicht, so werden sie sich auch nicht überzeugen lassen, wenn jemand von den Toten auferstünde" (Lukas 16, 31). Es wäre seltsam, wenn Wilhelm Busch bei seiner guten Bibelkenntnis nicht daran gedacht hätte. – Die Tante fährt wehklagend wieder an ihren Ort zurück, es ist alles umsonst. (55)

„Mit geisterhaftem Schmerzgetöne –
,Helene!' ruft sie ,Oh, Helene!!!'"

„ Umsonst!! – Es fällt die Lampe um,
Gefüllt mit dem Petroleum."

„ Und hülflos und mit Angstgewimmer
Verkohlt dies fromme Frauenzimmer."

„Hier sieht man ihre Trümmer rauchen.
Der Rest ist nicht mehr zu gebrauchen."

Die Lampe fällt um, das Petroleum entzündet sich, das „fromme Frauenzimmer" verbrennt zu Asche. Buschs Schlusskommentar ist gnadenlos.

Was Busch in der „Frommen Helene" beschreibt, um die Bildhaftigkeit der Geschichte nun wieder auf die kognitive Ebene zu heben, ist das grandiose Scheitern der Frömmigkeit. Grandios zu nennen ist es in dem Sinne, dass die Diskrepanz zwischen Schein und Sein nahezu unermesslich ist. Gerade weil Frömmigkeit eine positive Erwartung weckt, weil sie einen hohen Anspruch setzt, den höchsten Anspruch, den man sich denken kann: Das Leben auf dieser Welt in ein gottgefälliges Leben zu verwandeln, ist der Fall umso tiefer. Busch hat offenbar nichts so sehr gehasst wie Heuchelei und Bigotterie, und er überzieht die Frömmigkeit mit einer Ironie, die ohnegleichen ist und die zu dem Besten gehört, was Busch gezeichnet und geschrieben hat. Aber selbst in der Gestalt der Lächerlichkeit, in der er die Frömmigkeit vor uns stellt, ist noch der hohe Anspruch spürbar, mit dem er sie umgibt. Nicht die Frömmigkeit an sich ist faul und verderblich, sondern die Gestalt, in der sie in der bürgerlichen Welt des 19. Jahrhunderts vielfach gelebt wird. Die Charakterisierung seines familiären Umfeldes in den Briefen an Maria Anderson kommt nicht von ungefähr: „Der Pfarrer in Wiedensahl ist mein Schwager, die Pfarrerin meine Schwester. Da ich sie gerne habe, da sie wirklich fromm sind, so vertragen wir uns vorzüglich gut." (56) Das Bild einer geheuchelten, und das heißt, einer gescheiterten Frömmigkeit, das Busch vom Onkel Nolte zeichnet, nachdem dieser die Nachricht vom traurigen Ende der „frommen Helene" erhalten hat, ist unvergesslich in die Frömmigkeitsgeschichte des Abendlandes eingeschrieben.

„„Ei ja! – Da ich bin ich wirklich froh!
Denn gottseidank! Ich bin nicht so!!""

„Und Bosheit ist sein Lieblingsfach"

Die Frömmigkeit ist ein wichtiges Element im Werk von Wilhelm Busch. Aber die Kernfrage ist das Problem des Bösen. Darum kreist bei Busch nahezu alles. Ebenfalls schon früh, in seinen Beiträgen zu den „Fliegenden Blättern", traktiert Busch dies Thema.

> *„Ach, wie oft kommt uns zu Ohren,*
> *Daß ein Mensch was Böses that,*
> *Was man sehr begreiflich findet,*
> *Wenn man etwas Bildung hat."* (57)

Das sieht noch so aus, als bestimme sich das Böse vom bösen Tun des Menschen her. Aber alsbald tauchen Menschen mit dem Adjektiv „böse" auf, ohne dass die Bosheit für den Leser aus seinen vorherigen Taten ersichtlich wäre. „Der böse Müller hat's gesehen": Seine Bosheit wird sich in seinen Taten erweisen, es ist eigentlich eine vorweggenommene Bosheit. Aber sie erwächst nicht allein aus seinen Taten, es ist sozusagen sein Urzustand. Völlig zu Recht urteilt Hans Ries, dass für Busch die Bosheit in der Natur des Menschen wurzelt. (58) Max und Moritz sind sofort „böse Knaben", sobald sie auftauchen und noch ehe sie einen ihrer Streiche ins Werk gesetzt haben.

> *„Ja, zur Übelthätigkeit,*
> *Ja, dazu ist man bereit."* (59)

Auch die Welt ist böse, wie man an der „Fliege" studieren kann, die einen rechtschaffenen Mann nicht zur Ruhe kommen lassen will. (60) Immer wieder sind es diese „bösen Buben", wie beim „Diogenes" oder beim „Affen und der Schusterjunge" (61). Auch die „Fromme Helene" kreist um dieses Problem des Bösen. Warnungen werden da nicht nützen, vor allem, wenn sie von der falschen Seite kommen.

> *„Helene, sprach der Onkel Nolte –*
> *Was ich schon immer sagen wollte!*
> *Ich warne Dich als Mensch und Christ:*
> *Oh, hüthe Dich vor allem Bösen!*

> *Es macht Pläsier, wenn man es ist,*
> *Es macht Verdruß, wenn man's gewesen."* (62)

Oh, ahnungsvolle Weisheit, kann man da nur sagen, die Reue kommt immer viel zu spät. Wie kann man gegen die Bosheit ankommen, wenn sie in der Natur des Menschen sitzt! Noch in einer seiner letzten Bildergeschichten, „Fipps, der Affe" aus dem Jahre 1879, – von den großen Bildergeschichten kommen danach nur noch die „Künstlerbiographien" „Balduin Bählamm" (1883) und „Maler Klecksel" (1884) – spielt die Bosheit die Hauptrolle. So niedlich und harmlos der Affe Fipps aussieht, so durchtrieben ist er.

> *„Wenn wo Was los, er darf nicht fehlen;*
> *Was ihm beliebt, das muß er stehlen;*
> *Wenn Wer Was macht, er macht es nach:*
> *Und Bosheit ist sein Lieblingsfach."* (63)

Seine Bosheit ist also nur die Widerspiegelung der menschlichen Bosheit, vermischt mit der „tierischen Schläue". Denn auch der Schwarze, den Fipps buchstäblich an der Nase herumführt, ist ein „böser Mann", und der dicke Schiffer und die „Bremer Verwandtschaft", bei der Fipps landet, sind nicht viel besser. So nimmt es nicht wunder, dass der böse Anfang ein böses Ende nimmt und ihm niemand nachtrauert.

> *„Alle kommen; doch von diesen Allen*
> *Läßt nicht Einer eine Thräne fallen."*

Nur die kleine Elise, die Fipps aus dem brennenden Haus gerettet hat, lässt eine kleine Anteilnahme erkennen.

> *„‚Armer Fipps!' so spricht sie herzig treu.*
> *Damit stirbt er. Alles ist vorbei."*

In der Ecke des Gartens wird er begraben.

> *„Doch dass Kater Gripps und Schnipps der Hund*
> *Ganz untröstlich, sagt man ohne Grund."* (64)

Auch hier führt die Lebensgeschichte zu dem Ende, das sie verdient hat.

Diese alles beherrschende Rolle des Bösen bei Wilhelm Busch mag speziell von der protestantischen Anthropologie herkommen, nach der der Mensch immer ein Sünder ist, „auch in dem besten Leben". Tante Nolte wird davon eine Ahnung haben, als sie Helene nach deren erstem Streich auf dem Lande – sanft schlummernd – in ihrem Bett findet.

> „ *Oh, sündenvolle Creatur!!*
> *Dich mein ich dort! – Ja, schnarche nur.* " (65)

Auch Buschs zeitweilige Begeisterung für Schopenhauer mag bei dieser Prägung des Begriffs des Bösen mitspielen, der – im Gegenentwurf zu Leibniz – diese Welt als die „schlechteste aller möglichen Welten" charakterisierte. „Das Leben stellt sich dar als ein fortgesetzter Betrug, im Kleinen wie im Großen. Hat es versprochen, so hält es nicht; es sei denn, um zu zeigen, wie wenig wünschenswerth das Gewünschte war." (66). „Will man wissen, was die Menschen – moralisch betrachtet – im Ganzen und Allgemeinen wert sind; so betrachte man ihr Schicksal im Ganzen und Allgemeinen. Dieses ist Mangel, Elend, Jammer, Qual und Tod." (67) Das natürliche und das moralische Böse halten sich die Waage, die Welt hat es nicht anders verdient, als dass sie untergeht. „Die Welt selbst ist das Weltgericht." (68) Mit einer solchen Weltuntergangsstimmung hat die biblische und lutherische Sündenlehre wenig oder nichts zu tun. Aber es mag sein, dass beide Elemente bei Busch zusammengekommen sind. Wie er in seinen Briefen an Maria Anderson beschreibt, dass Schopenhauer ihn davon überzeugt habe, der Wille sei die treibende Kraft des Lebens. „Im Oberstübchen sitzt der Intellekt und schaut dem Treiben zu. Er sagt zum Willen: ‚Alter! laß das sein! Es giebt Verdruß!' Aber er hört nicht. Enttäuschung; kurze Lust und lange Sorge; Alter, Krankheit, Tod, sie machen ihn nicht mürbe; er macht so fort. ... Der Wille ist der Starke, Böse, Wirkungsvolle, Erste." (69) Fast wie die Freud'sche Triebstruktur des Unbewussten kommen mir diese Aussagen vor, aber hier viel stärker ins Negative gepolt. Aber wie dem auch sei: Auf eine Untersuchung der Genese des Begriffs des Bösen bei Wilhelm Busch kommt es mir hier nicht an. Wichtig ist mir, wie Busch mit dem Bösen umgeht, das in der Welt seiner Gestalten so beherrschend ist.

> *„Und sündhaft ist der Mensch im Ganzen!*
> *Wie betet Lenchen da für Franzen!! –"* (70)

Das Gebet hilft nicht, die Reue hilft nicht, die Askese hilft nicht. In einer Orgie der Entäußerung, mit großartig gemalten Bildern, zeigt Busch die Phasen des Verzichts auf die einzelnen Attribute der Eitelkeit. Künstliche Haare, Mieder, hochhackige Schuhe, Kleidung, alles wandert ins Feuer.

> *„Und sie eilet tieferschüttert*
> *Zu dem Schranke schmerzdurchzittert."*

> *„Fort! Ihr falschgesinnten Zöpfe,*
> *Schminke- und Pomadetöpfe!"*

Sie mag gar nicht hinschauen, nach hinten schleudert sie die Gegenstände weg, unterstellt gar den Zöpfen die böse Absicht, das Feuer lodert und qualmt.

„Fort! Du Apparat der Lüste,
Hochgewölbtes Herzgerüste!!"

„Fort, vor Allem mit dem Übel
Dieser Lust- und Sündenstiebel!"

Das Mieder, die Stiefel sind nicht mehr Objekt und Anlass, sie werden zum Subjekt der Verführung, das bestraft werden muss.

„Trödelkram der Eitelkeit, Fort!
Und sei der Gluth geweiht!!"

„Oh, wie lieblich sind die Schuhe
Demuthsvoller Seelenruhe!! –"

Helene schaut sich endlich das Autodafé an, das sie angerichtet hat, weist alles, was sie verführt hat, weit von sich. Am Ende bleiben – ein paar demütige Schuhe. Man ahnt, dass auch diese Verlagerung auf die Objekte – jetzt die der Demut und Frömmigkeit – nicht zum Ziele führen kann.

„Sieh, da geht Helene hin,
Eine schlanke Büßerin." (71)

Aber: Da ist eben die Versuchung und die bleibt. Da ist der Alkohol. Das Böse ist mit Reue und Frömmigkeit nicht aus der Welt zu schaffen. Und die „Fromme Helene" schließt, nachdem Helene bis zur Unkenntlichkeit verkohlt ist, mit einem kurzen Kapitel, das Busch mit „Triumph des Bösen" überschreibt. Die „Fromme Helene" hat also einen himmlischen und einen irdischen Epilog: Die reale Höllenfahrt der Helene und die verbale Höllenfahrt in der Verurteilung des Onkels Nolte. Es bleibt offen, ob der irdische Epilog die Kenntnis des himmlischen Ausgangs der Helene voraussetzt oder nicht. Es wäre der Heuchelei des Onkel Nolte schon zuzutrauen, dass diese selbst durch die Höllendrohung nicht zu erschüttern ist. Für das Verständnis der Rolle des Bösen im Werk von Wilhelm Busch ist aber dieses „Siebenzehnte Capitel" entscheidend. (73)

Siebenzehntes Capitel

Triumph des Bösen

„Hu! Draußen welch ein schrecklich Grausen,
Blitz, Donner, Nacht und Sturmesbrausen! — "

Blitz und Donner kündigen die Ankunft des Gottseibeiuns an. In der Mitte des Bildes steht der Schornstein, um den herum sich bald ein erbitterter Kampf abspielen wird. Kurioserweise wird am Schornstein der Teufel auf die Seele Helenens warten. So wie Max und Moritz vom Kamin aus ihre Schurkereien vorbereiten. (72) Busch arbeitet also hier mit dem Wiedererkennungs-, aber auch mit dem Irritationseffekt. Der Volksglaube lässt nach dem Tode das Fenster öffnen, damit die Seele ihren Weg zum Himmel antreten kann. Aber bei Busch fährt die Seele durch den Schornstein; das Loch der Wohnung zum Himmel ist das Einfallstor des Bösen. Mag sein, dass die „gute Seele" durch das Fenster davonrausch; die „böse Seele" fährt durch den verrußten Schornstein. Und da oben wartet er und schaut herunter, lüstern, den Teufelsschwanz steif in die Höhe gereckt.

„Schon wartet an des Hauses Schlote
Der Unterwelt geschwänzter Bote."

Aber so einfach wird es dem Teufel dann doch nicht gemacht; überraschenderweise bekommt er einen Gegenspieler. Um den Schornstein herum entbrennt ein letzter Kampf. Das Gute und das Böse kämpfen noch einmal, posthum sozusagen, um Helene, so wie sie vorher in ihr gekämpft haben.

„Zwar Lenen's guter Genius
Bekämpft den Geist der Finsternuß."

Busch rekapituliert also hier den berühmten Kampf zwischen dem Erzengel Michael und dem Drachen aus der Apokalypse des

Johannes Kapitel 12. Nachdem eine schwangere Frau, mit der Sonne bekleidet und dem Mond unter ihren Füßen, am Himmel erschienen ist, geht die Entscheidungsschlacht los. Der Drache ist auf das Kind aus, das die Frau zur Welt bringt. Aber sein Vorhaben gelingt ihm nicht. „Und es entbrannte ein Kampf im Himmel: Michael und sein Engel kämpften gegen den Drachen. Und der Drache kämpfte und sein Engel, und sie siegten nicht, und ihre Stätte wurde nicht mehr gefunden im Himmel". Der Drache wird dann auch sofort identifiziert, „die alte Schlange, die da heißt: Teufel und Satan, der die ganze Welt verführt" (74), die vom Himmel auf die Erde geworfen wird. Der Anfang vom Ende des Bösen ist in der Apokalypse des Johannes angebrochen. Bei Busch aber hat der Drachenkampf den entgegengesetzten Ausgang. Das Gute ist schon geschrumpft, ist ein kleiner Genius, ein Kind, und auch noch ein Linkshänder. Wie Busch eine Kampfesszene ins Ironische überführen kann, kann man an diesen Bildern bis ins Einzelne studieren. Der Genius schlägt dem Teufel in der ersten Runde den Schwanz ab, strahlt siegesgewiss, und der Teufel krümmt sich vor Schmerzen. Aber das Schlachtenglück wendet sich.

„Doch dieser kehrt sich um und packt ihn mit der Gabel zwiegezackt."

In hohem Bogen fliegt der Genius durch die Luft. Das höhnische Lachen des Teufels spricht Bände.

„Oweh, oweh! Der Gute fällt!
Es siegt der Geist der Unterwelt."

Dann fährt endlich die Seele Helenens aus dem Schornstein. Der
Teufel versucht sogar einen Kniefall; denn es ist jetzt wirklich der
Auferstehungsleib der Helene, von dem verkohlten Gerippe ist
da keine Spur. Der Teufel staunt. Aber da ist jetzt keiner mehr,
der ihn bremst; der Genius ist kopfüber auf dem Weg nach unten.
Er kommt sogar schnell wieder nach oben, wetzt das Messer.
Aber er kann nur hinterher schauen. Der Teufel zieht an der
Seele, sie wird lang und länger. Und der gemeinsame Weg, der zu-
nächst nach oben ging, geht radikal in die Tiefe, das Loch ist groß,
die Unterwelt ruft, Höllendampf steigt auf, der Teufel schmeißt
sich kopfüber hinein, die Seele Helenens reckt hilfesuchend die
Arme in die Höhe, aber es hilft ihr nichts.

„Er faßt die arme Seele schnelle

Und saust mit ihr zum Schlund der Hölle. "

Stracks landet der Teufel mit Helene in der Höllenküche, in der Franz schon in dem großen Suppentopf gebraten wird. Der Abzug funktioniert, die Dämpfe steigen steil nach oben. Die kleinen Teufel vollführen einen munteren Freudentanz. Sehe ich richtig, dass ihr Reigen über zerbrochene Kreuze geht? Insgesamt erscheint mir das Bild wie ein Traktat aus einem biederen Missionsblättchen vergangener Zeiten, das von einer Menschenfressergruppe erschreckliche Geschichten erzählt.

„Hinein mit ihr!! – Huhu! Haha!
Der heilge Franz ist auch schon da."

Die Überschrift dieses Siebenzehnten Kapitels „Triumph des
Bösen" ist offensichtlich doppeldeutig. Natürlich: Der Böse tri-
umphiert in dieser Geschichte der Helene. Die Hölle hat das
letzte Wort. Aber es gibt ja nach dem „himmlischen", auch noch
den irdischen Epilog, und dieser Epilog des Onkel Nolte gibt
dem Ausgang der Helenen-Geschichte Recht.

> *„Als Onkel Nolte dies vernommen,*
> *War ihm sein Herze sehr beklommen.“*

Die Betroffenheit des Onkels geht schnell vorbei; dieser Mann weiß ja sozusagen im Traum, wie man das Leben meistert, was gut und böse ist.

> *„Doch als er nun genug geklagt:*
> *‚Oh!‘ – sprach er – ‚Ich hab's gleich gesagt!*

Der böse Anfang muss ein böses Ende nehmen, und das ist doch gut! Der Triumph des Bösen ist der Sieg der Gerechtigkeit! Nur: Das Problem des Onkel Nolte ist, dass er – im Sinne Buschs – zu genau weiß, wie man mit dem Bösen fertig wird.

Das Gute – dieser Satz steht fest –
Ist stets das Böse, was man läßt!

Busch bezieht sich mit dieser Lebensweisheit eindeutig auf den Kirchenvater Augustinus. Busch hat diesen so sehr verehrt und so gründlich gelesen, dass er sich im Alter dessen Werk neu in Leder einbinden ließ, wie man es in der Ausstellung in Wiedensahl sehen kann. Augustinus hatte geurteilt, das Böse sei der Mangel an Gutem. Das Böse hat nach Augustinus keine eigene Realität. Die Essenz und das Ziel des menschlichen Lebens, sozusagen die Normalität des Lebens, ist das Gute. Busch stellt den Augustinus auf den Kopf, behauptet, dass das Gute nur zustande kommt, wenn man das Böse lässt. Es geht eben nach der Weise des Papa Fittich in „Plisch und Plum":

Tugend will ermuntert sein,
Bosheit kann man schon allein. (75)

Aber wie kann man das: Das Böse lassen, um das Gute zu erreichen?! Eine bodenlose Frechheit dieses scheinheiligen Heuchlers Onkel Nolte ist es, wenn dieser sich vom anscheinend sicheren Port des Guten ein Urteil über das Böse und über die Bösen erlaubt.

Ei ja – Da bin ich wirklich froh!
Denn gottseidank! Ich bin nicht so!'"

Diesen Mann würde man am liebsten sofort in den höllischen Suppentopf transportieren. Denn das Böse verbirgt sich ebenso, und manchmal umso wirkungsvoller, unter der Maske des Guten und der Frömmigkeit. Gegen das Böse scheint kein Kraut gewachsen! Der „irdische Epilog" wird damit zu einem Ausrufezeichen hinter die Überschrift vom „Triumph des Bösen".

„Wie man's treibt – mein Kind – so geht's!"

Damit aber liegt das Problem auf dem Tisch, das schon anhand des „Max und Moritz" alle Welt bewegt hat: Ob die Bildererzählungen Wilhelm Buschs eine geheime oder offene pädagogische Abzweckung haben? Ob das böse Ende, das die „Fromme Helene" oder „Max und Moritz" nehmen, eine Warnung sein soll, es ihnen gleich zu tun?

> *„Aber wehe, wehe, wehe!*
> *Wenn ich auf das Ende sehe!! –"* (77)

Die moralisierende Einleitung Buschs zu „Max und Moritz" mag das nahe legen. Aber die vielstimmige Debatte, die Hans Ries in seinem Kommentar zu dieser Bildererzählung zusammengetragen hat, hat am Ende ein klares Ergebnis (78). Von einer pädagogischen Absicht Buschs im „aufklärerischen" Sinne, etwa gar im Sinne einer Bekräftigung der Strafpädagogik, die das böse Ende als Warnung und als Anreiz zum Guten versteht, kann keine Rede sein. Es ist vor allem eine Beobachtung, die einer lehrhaften Tendenz der Erzählungen stracks zuwiderläuft und die man schon an „Max und Moritz" gründlich studieren kann.

Die Ironie, gerade auch der Zeichnungen Buschs, geht immer in eine bestimmte Richtung. Betroffen von dieser Bloßstellung sind erstaunlicherweise weithin die Opfer der Streiche, nicht die Übeltäter selbst. Es ist, als provozierten jene geradezu die Angriffe, die auf sie gefahren werden, und als identifizierte sich der Zeichner und der Dichter in einem erstaunlichen Maße mit den „bösen Buben", die er doch eigentlich verdammen sollte.

Man lasse die Gestalten von „Max und Moritz" einmal nacheinander an seinem Blick vorüber marschieren: Es sind alles groteske Figuren, Karikaturen im eigentlichen Sinn dieses Wortes.

Es beginnt mit Witwe Bolte, einer vertrockneten alten Jungfer. Der mahnend erhobene Zeigefinger scheint zu all diesen Personen zu gehören, die Respekt fordern und ihn nicht verdienen.

„Witwe Bolte, in der Kammer,
Hört im Bette diesen Jammer."

Was soll man auch von einem Menschen halten, dessen ganzer Lebensinhalt und Lebenstraum drei Hühner und ein Hahn sind?!

„Fließet aus dem Aug', ihr Thränen!
All mein Hoffen, all mein Sehnen,
Meines Lebens schönster Traum
Hängt an diesem Apfelbaum!!"

Die Reihe setzt sich fort mit dem Schneidermeister Böck. Ein Stubenhocker von Berufs wegen, im Dorf gar nicht unbeliebt und in seinem Metier sicherlich nicht übel. Aber ein Mann ohne jeden Humor und knochentrocken.

„Als nun diese That vorbei,
Hört man plötzlich ein Geschrei:

,He, heraus! du Ziegen-Böck!
Schneider, Schneider, mek mek mek!!' –
– Alles konnte Böck ertragen,
Ohne nur ein Wort zu sagen;
Aber wenn er dies erfuhr,
Ging's ihm wider die Natur.“

Wie da die Brille und die Pantoffeln fliegen, im Fallen und im ent-
setzten Aufschrei ist Meister Böck schon fast eine menschliche
Figur, der strafende Stock, mit dem er herausgelaufen kam, ist
nicht mehr zu sehen.

„Und schon ist er auf der Brücke,
Kracks! die Brücke bricht in Stücke;“

Die Lehrer sind natürlich zu aller Zeit ein besonders ergiebiges Thema der Karikatur. Strenger erhobener Zeigefinger, gerümpfte Nase, Unnahbarkeit: Das ist Lehrer Lämpel. So eng und eingezwängt in seine Kleidung scheint seine ganze Person zu sein. Übrigens: Eigentlich schade, dass in dieser Reihe der Opfer der Ortspastor ausgespart ist.

„Daß dies mit Verstand geschah,
War Herr Lehrer Lämpel da. –
– Max und Moritz, diese beiden,
Mochten ihn darum nicht leiden;
Denn wer böse Streiche macht
Giebt nicht auf den Lehrer acht.“

Menschlich, geradezu elegant wird er nur, wenn er seiner Lehrerpflicht als Organist in der Kirche nachkommt. Die beiden Personen scheinen kaum miteinander identisch zu sein.

„ – Einstens, als es Sonntag wieder,
Und Herr Lämpel, brav und bieder,
In der Kirche mit Gefühle
Saß vor seinem Orgelspiele, –“

Das Bild der explodierenden Pfeife des Lehrers Lämpel, – grandios gezeichnet, geradezu ein expressionistisches Bild – überschreitet dann plötzlich die Personenkarikatur um ganze Dimensionen.

„Rums!! – da geht die Pfeife los
Mit Getöse, schrecklich groß.
Kaffeetopf und Wasserglas,
Tabacksdose, Dintenfaß,
Ofen, Tisch und Sorgensitz –
Alles fliegt im Pulverblitz.–"

Mit Onkel Fritze ist aber Wilhelm Busch dann schon wieder auf sicherem Boden. „Pantoffel, Schlafrock, Mütze": Ein gähnender Alter mit viel zu großen Latschen, den es überall juckt und dem die Maikäfer dann endlich schon Beine machen werden.

„Bald zu Bett geht Onkel Fritze
In der spitzen Zippelmütze;
Seine Augen macht er zu,
Hüllt sich ein und schläft in Ruh."

„Doch die Käfer, kritze, kratze!
Kommen schnell aus der Matratze."

In dieser Opferkette stehen dann die drei, in denen Max und Moritz ihre Meister finden: Meister Bäcker, Bauer Mecke und Meister Müller in der Mühle. Alle drei sind Sadisten übelster Art, das hämische Lachen vereinigt sich geradezu zu einem Höllengelächter.

„In dem Ofen glüht es noch –
Ruff!! – damit in's Ofenloch!"

„Rickeracke! Rickeracke!
Geht die Mühle mit Geknacke."

Wie sollte man solchen Widerlingen den Triumph gönnen, als Sieger aus dieser Geschichte hervorzugehen?! Eher identifiziert man sich doch mit Max und Moritz: Mit ihrer (sicher auch bösartigen) Spiellaune, mit ihrem (auch und gerade zu Lasten anderer gehenden) Einfallsreichtum, mit ihrer (natürlich lauter Unfälle produzierenden) Phantasie. Und so zeichnet Wilhelm Busch die „bösen Buben" Max und Moritz auch: Als vitale, springlebendige, immer neue Abenteuer und Streiche aushekende, ganz normale Jungen. Sicher sind es Jungen mit einer Tendenz zur Verbrecherkarriere; aber sie haben noch nichts von der Verstocktheit, dem Starrsinn, der Lebens- und Vitalitätsleere der Opfer, die sie sich wählen.

„Wieder tönt es: ‚Mek, mek, meck!'
Plums! da ist der Schneider weg!"

Erst, als sie auf ähnlich vitale, aber sadistisch verbogene Erwachsene stoßen, ist es mit ihnen aus.

Selbst bei der „Frommen Helene" richten sich Ironie und Spott nicht so sehr gegen Helene und Franz, sondern gegen Onkel und Tante Nolte oder gegen den gehörnten Ehemann. Busch hat offenbar auch seine Freude an den Streichen der Lausbuben oder an den Eskapaden der Helene gehabt. Gegen eine pädagogische Absicht spricht auch, dass die einzelnen Episoden viel zu sehr in sich abgeschlossen sind und das böse Ende von Max und Moritz oder von Helene und Franz viel zu weit von den bösen Streichen oder den munteren Eskapaden entfernt ist, als dass man sie als eine unmittelbare Verurteilung dieser Handlungen verstehen könnte. Bücher, die demonstrieren, wie man es nicht machen soll und die die üblen Handlungen nur zeigen, um sie in ihrer Absurdität und ihrer Lebensfeindlichkeit zu entlarven: Das sind alle die Bildergeschichten Wilhelm Buschs nicht.

In der Ablehnung einer pädagogischen Absicht, die die Bildergeschichten Buschs haben könnten, ist man sich offenbar einig. In der Beschreibung der Voraussetzungen und der Konsequenzen, die diese Haltung für die Ethik und für die Moral haben könnten, ist man sich allerdings weitgehend uneinig. Als geradezu absurd empfinde ich die Schlussfolgerung von Ulrich Mihr: „In gewissem Sinne ist die Moral des Moralisten Busch, dass es genau genommen keine Moral gibt". (79) Sicher ist es, im Sinne Buschs, richtig, dass der Moralist, der andere bessern will, unter das gleiche Urteil fällt, unter das er die anderen stellt. „Der Pfarrer predigt zwar Moral, aber ist er selber viel besser als die Schäfchen seiner Gemeinde?" (80) Aber das Fragezeichen, unter das man die Moral der Sünder stellt, bedeutet doch nicht das Ende der Moral. Sicher hebt Busch nicht den ausgestreckten Zeigefinger, und wo er ihn zeichnet, geht es gegen die Heuchler und Scheinheiligen, die das verdammen, was sie selbst gerne tun möchten oder auch selber tun. Aber die Ablehnung einer unmittelbaren moralischen Absicht bedeutet nicht das Ende und die Ausschließung von Moral. An diesem Punkt macht man es sich vielfach zu leicht mit Wilhelm Busch. Denn da ist noch etwas anderes im Spiel, und das weist wieder auf die religiöse Dimension im Denken und Handeln von Wilhelm Busch, wie ich meine. In dem Ende seiner Bildergeschichten, die ein Stück Welttheater auf der Bühne des Lebens, die geradezu Moritaten und Fastnachtsspiele sind, meldet sich das alte theologische und philosophische Problem der Theodizee zu Wort.

Das Problem der Theodizee wird in der Geschichte des abendländischen Denkens in einer doppelten Gestalt verhandelt. In einem engeren Sinne steht das Wort für die Versuche, Gottes Güte zu rechtfertigen in einer Welt, die oft so ganz anders ist. Eben wie die genaue Übersetzung lautet: Theodizee ist der menschliche, immer unzulängliche, aber doch einigermaßen hinreichende Versuch, Gott zu rechtfertigen vor den Angriffen, die auf sein Wirken oder auf seine Existenz überhaupt gefahren werden. Für dieses Verständnis von Theodizee liefert Leibniz in seinem großartigen und tiefsten Werk, der „Theodizee", das nie übertroffene, wenn auch immer wieder heftig angegriffene Vorbild. Die Theodizee im engeren Sinn will dem Glaubenden die rationalen Argumente liefern, angesichts der Katastrophen, des Bösen und des Todes in der Welt weiterhin an Gott zu glauben. Daneben macht aber auch in der Neuzeit immer stärker eine weitere Fassung des Begriffs der Theodizee von sich reden. Die Theodizee im weiteren Sinn ist der Versuch, das Böse in Strukturen und Erfahrungsmuster einzubinden, die uns helfen, der Ohnmacht vor dem Bösen und der Verzweiflung angesichts des Bösen zu entkommen. (81) Von einer „Sinngebung des Bösen" zu reden, ist schon überzogen, denn das Böse hat keinen Sinn jenseits dessen, dass es das Leben und den Sinn zerstört. Aber es ist diese Form von Theodizee, so vermute ich, die den meisten Menschen heute hilft, angesichts der Nachrichten von der anscheinenden Unüberwindbarkeit des Bösen, die uns von allen Seiten überfallen und die alles Bemühen um seine Beseitigung in ihrer Notwendigkeit, aber auch in ihrer Fragwürdigkeit sichtbar werden lassen, weiterhin mit Zuversicht zu leben. Es ist dieses innere Gefühl des „Trotzdem", das uns nicht der Verzweiflung und der totalen Lebensverneinung überlässt. Dass beide Formen der Theodizee, die engere und die weitere Gestalt, miteinander zusammenhängen, wird der Glaubende voraussetzen und der Nichtglaubende manchmal ahnen, vermute ich.

Der amerikanische Soziologe Peter L. Berger hat in seinem schönen Buch „Auf den Spuren der Engel" aufgrund einer phänomenologischen Analyse unserer Erfahrungswelt auf diese Zusammenhänge verwiesen. (82) Es gibt in der empirisch gegebenen Situation des Menschen Verhaltensweisen, Argumente, Gesten, Gebärden, die Berger „Zeichen der Transzendenz" nennt.

Als Zeichen der Transzendenz bezeichnet er Phänomene, die über die natürliche und fassbare Wirklichkeit hinauszuweisen scheinen. Dazu gehört das „Argument der Ordnung", früher als „göttliche Weltordnung" allgemein anerkannt und akzeptiert, heute, in seiner weithin säkularisierten Form, aber noch immer unabdingbar für das fundamentale Wirklichkeitsvertrauen des Menschen. Das „Argument der Ordnung" gründet sich auf den Glauben oder die Zuversicht, dass die Welt letztlich „in Ordnung" ist. Wenn die Mutter zu ihrem weinenden und von Ängsten geschüttelten Kind sagt: „Es ist alles in Ordnung, es wird alles wieder gut", dann belügt die Mutter ihr Kind nicht, sondern schafft eine Vertrauensbasis, auf deren Grund auch Verzweiflung und Niederlagen verarbeitet werden können. (83) Zu den „Zeichen der Transzendenz" gehört für Berger das „Argument des Spiels", mit seiner eigenen Zeitstruktur, die aus Zeit Ewigkeit werden lässt und Menschen noch am Rande des Abgrunds „spielen" lässt. (84) Das „Argument der Hoffnung" gehört dazu, mit seiner Entschlossenheit, vor der Unvermeidbarkeit des Todes nicht zu kapitulieren. (85) Und das „Argument des Humors" gehört dazu, mit seiner kontrafaktischen Dynamik, die Berger als eine „antizipatorische Imitatio der Erlösung" bezeichnet. Lachen entlarvt die Täuschungen, „enthüllt die äußerste Wahrheit". (86)

Im Zusammenhang einer Analyse der Bildergeschichten Wilhelm Buschs aber scheint mir ein anderes „Zeichen der Transzendenz" die Hauptrolle zu spielen, das Berger das „Argument der Verdammnis" nennt. (87) Es gibt Taten, wie den Massenmord an den Juden in den Konzentrationslagern oder einen Kindesmord, bei denen man sich nicht mit einer soziologischen oder entwicklungspsychologischen Analyse begnügen kann. „Es gibt Taten, die zum Himmel schreien". (88) Sie sind nicht nur ein Greuel, sie gehen an die Bedingungen und Voraussetzungen des Menschseins überhaupt. „Taten, die zum Himmel schreien, schreien auch nach der Hölle." (89) Nicht nur eine Verurteilung ist hier eine gerechte Strafe, sondern eine Verdammung ist unabdingbar gefordert. Die Vorstellung der Hölle ist eine solche Konkretisierung des „Arguments der Verdammnis", die nicht aus theologischen Gründen, also um Gottes willen, sondern um der Menschen und ihrer die empirische Erfahrung übersteigenden Lebensvoraussetzung der Gerechtigkeit willen absolut notwendig ist. „Religiöse Hoffnung birgt eine Theodizee und daher die Verheißung des Trostes für die Opfer der Unmenschlichkeit in sich. Aber ebenso wichtig ist, dass sie dem Frevler Verdammnis androht." (90)

Nun sind die Streiche von „Max und Moritz" oder das flatterhafte Leben der „Frommen Helene" nicht vergleichbar mit den Verbrechen eines Massenmörders wie Eichmann, den Berger in seinen Ausführungen vor Augen hat. Aber so sehr es richtig ist, dass das böse Ende vieler Bildergeschichten von Busch nie und nimmer als ein pädagogisches Mittel, etwa im Sinne der Abschreckung, gemeint ist, um die Schilderung der bösen Taten und Untaten zu provozieren und zu rechtfertigen: So falsch ist es zu vermuten, dass damit schon alles gesagt und erklärt sei. Sicherlich haben die einzelnen Episoden der Bildergeschichten ein eigenes Gewicht und bereiten dem Leser und dem Betrachter auch ein eigenes Vergnügen, das von der Schadenfreude nicht weit entfernt ist. Aber Buschs Geschichten basieren doch auf „Zeichen der Transzendenz", die er nie in Frage stellt. Ganz im Gegenteil: Ohne diese würde die Logik der Bildergeschichten überhaupt nicht funktionieren. Im Sinne eines großen Ordnungsgefüges hält Busch den Zusammenhang von Anfang, Mitte und Ende des Lebens fest, das die bösen Taten – auch und gerade die der Scheinheiligkeit und Bigotterie – unter das Urteil der Verdammnis stellt. Es ist nach meinem Verständnis das Muster der Theodizee, das den Bildergeschichten von Wilhelm Busch zugrunde liegt und das möglicherweise auch ihre breite Akzeptanz ermöglicht und verstärkt hat.

Gerade die späte Platzierung des bösen Endes in manchen Bildergeschichten macht deutlich, dass es nicht um einen empirischen Zusammenhang von Anlass und Folge, von bösem Streich und entsprechender Strafe und also um eine pädagogische Mahnung geht. Vielmehr wird ein transempirischer Sinnzusammenhang festgehalten, ohne den das Leben keine sichere Basis und

Perspektive mehre hätte. Völlig zu Recht bezeichnet Armin Peter Faust nicht nur die späte Bestrafung von „Max und Moritz", sondern auch deren Unverhältnismäßigkeit als Gegenargument gegen jede bloß didaktische Zweckbestimmung. „Die Wirkung dieses Endes ist so generell, dass der Tod von Max und Moritz als eine Bestrafung nicht nur für alle erfolgten, sondern auch für alle möglichen Untaten erscheint. Das Exempel wird gleichsam mit universaler Geltung statuiert." (91) Ich würde sogar sagen: Hier wird ein metaphysisches Exempel statuiert.

Um es noch einmal ganz direkt an „Max und Moritz" aufzuzeigen: Das grausame Ende der beiden erweist sich als die Wiederherstellung eines Gerechtigkeitszusammenhanges.

„„Her damit!' – und in den Trichter
Schüttelt er die Bösewichter. –"

Tiefsinnige Überlegungen kann man darüber anstellen, dass selbst die kleingemahlenen Burschen in ihren Konturen noch immer als Max und Moritz zu erkennen sind. Diese Zeichnung ist schon ein Geniestreich Buschs. Sie hat aber wohl nur die Bedeutung, dass die Enten tatsächlich die Überreste von *Max und Moritz* fressen.

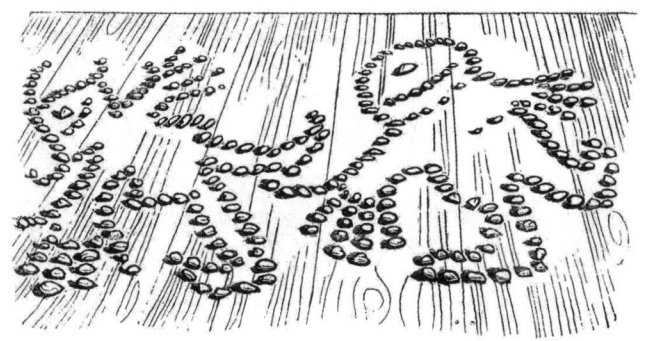

„Hier kann man sie noch erblicken
Fein geschroten und in Stücken."

„Doch sogleich verzehret sie

Meister Müllers Federvieh."

Dabei muss man sich vor Augen halten – Cremer hat darauf hingewiesen (92) –, dass der erste Streich von Max und Moritz sich gegen das Federvieh der Witwe Bolte richtete und damit endete, dass die beiden die Hühner verspeisten.

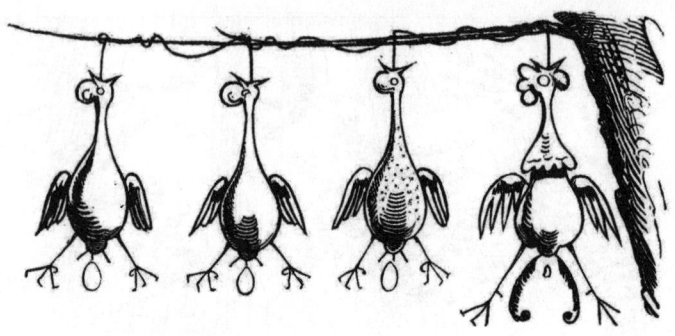

„Jedes legt noch schnell ein Ei,
Und dann kommt der Tod herbei. –"

„Max und Moritz, im Verstecke,
Schnarchen aber an der Hecke,
Und vom ganzen Hühnerschmaus
Guckt nur noch ein Bein heraus. –"

Den dicken Bäuchen der beiden Buben, die die Hühner verzehrt haben, entsprechen also die beiden Exemplare des gemästeten Federviehs, die Max und Moritz verspeist haben. Keine Rückkehr also in den Kreislauf der Natur, wie viele Ausleger vermutet haben. Keine Wiederkehr des Gleichen im Sinne Nietzsches. Vielmehr: Der Gerechtigkeit wird am Ende Genüge getan. Das „Argument der Verdammnis", so übertrieben es auch hier erscheinen mag, trifft am Ende die, die es leichtsinnig herausgefordert haben. Gegenüber Kindern hat Busch dann wohl auch eine pädagogische Absicht herausgestellt; aber so ganz ernst war das dann wohl auch nicht gemeint. So schreibt er in der Antwort auf die begeisterte Zuschrift eines kleinen Jungen im Alter (1905):

„Max und Moritz machten Beide,
Als sie lebten, keinem Freude:
Bildlich siehst Du jetzt die Possen,
Die in Wirklichkeit verdrossen,
Mit behaglichem Gekicher,
Weil Du selbst vor ihnen sicher.
Aber das bedenke stets:
Wie man's treibt – mein Kind – so geht's." (93)

„Mein Vater war Krämer"

Es ist an der Zeit, auf den Interpretationsversuch von Gert Ueding zurückzukommen und die dort unternommene Beziehungsstruktur von Person und Werk bei Wilhelm Busch noch genauer unter die Lupe zu nehmen. Um es in Erinnerung zu rufen: Seine These war, dass die protestantische Anthropologie auf der Überzeugung vom Menschen als einem „sündigen, ungehorsamen, ja wilden Tier" beruhe, das nur mit Gewalt und Unterdrückung zu züchtigen sei, damit die Welt „nicht im Chaos versinke". (94) Dementsprechend sähe die Pädagogik aus, und diese repressive Erziehung, die Wilhelm Busch in vollem Umfange genossen habe, entwickele all die psychischen, sozialen und ästhetischen Folgen, die Ueding in seiner Arbeit über Busch beschreibt. Es ist schon eigenartig, geht mir dabei durch den Kopf, dass ausgerechnet ein Rhetorikprofessor in Tübingen, einer Hochburg der Theologie und – mit dem Tübinger Stift – auch der theologischen Erziehung, anscheinend von der Dialektik der lutherischen Anthropologie überhaupt nichts weiß. Martin Luther hat sie in seiner grundlegenden Schrift von 1520 „Von der Freiheit eines Christenmenschen" präzise dargelegt. „Ein Christenmensch ist ein freier Herr über alle Dinge und niemandem untertan. Ein Christenmensch ist ein dienstbarer Knecht aller Dinge und jedermann untertan". (95) Das Herrschen, das Freisein ist er durch den Glauben, das Untertansein und Dienen durch die Liebe. Da ist nichts von Hauen und Stechen, von Gewalt und Schwert. Und Ueding hätte nur einen Hörsaal weitergehen müssen, um dort auf Eberhard Jüngel zu treffen, der in einer eindringlichen Analyse Luthers Freiheitsschrift untersucht hat. Kein Gedanke verschwende Luther – so resümiert Jüngel – an die defaitistische Auffassung, als sei es den Christen erlaubt, mit dem künftigen Niedergang der Welt zu spekulieren. „Hier gilt es vielmehr, inmitten des widersprechenden weltlichen Lebens ‚mit Lust' den vernünftigen Gottesdienst zum Wohle der ‚Leute' zu feiern, mit denen er ‚umgehen' muß". (96)

Der Originalton Luthers ist aber doch noch zupackender und kräftiger. Auch dort, wo Luther von dem „fröhlichen Wechsel" spricht, in dem der Mensch im Glauben seine Existenz mit Christus tauscht. Durch den Glauben fährt der Mensch über sich in Gott, aus Gott fährt er wieder unter sich durch die Liebe. „Siehe, das ist die rechte, geistliche, christliche Freiheit, die das Herz frei macht von allen Sünden, Gesetzen und Geboten, welche alle andere Freiheit übertrifft wie der Himmel die Erde". (97). Das klingt auch nicht von ferne nach einem „Dressur- und Unterwerfungsakt" als Folge der Prinzipien protestantischer Anthropologie (Ueding). Aber eben: Jeder schaut gerne auf seinen Weg und bastelt gerne an seinen eigenen Vorurteilen.

Sicher hat es immer wieder auch massive Tendenzen gegeben, diese Dialektik aufzulösen, der Weg in den Untertanenstaat hat auch seine protestantischen Konnotationen. Sicher hat es auch immer wieder, von der Kirche unterstützt, massive Tendenzen zu einer repressiven Erziehung und zur „Einübung in das Schuldbewusstsein" (Ueding) gegeben. Aber dies hat sich nie auf Dauer durchsetzen können, so dass man es als Kennzeichen einer „protestantischen Anthropologie" bezeichnen könnte. Das Freiheitspathos, das man dem Protestantismus auch vorwirft, mit dem Vorrang des Individuums und des Gewissens gegenüber der Gemeinschaft und der Kirche, hat eine solche Vereinseitigung immer wieder zu verhindern geholfen.

Auch das 19. Jahrhundert, das Ueding – im Zuge des Wiedererstarkens der lutherischen Orthodoxie – als totale Quittierung der Aufklärung versteht, lässt sich in keiner Weise auf diesen einheitlichen Nenner bringen. Um im lokalen Umfeld von Wilhelm Busch zu bleiben: Wenn Gerhard Uhlhorn, wenige Jahre später Abt zu Loccum, sich 1875 vehement gegen Kirchenzuchtmaßnahmen des Kirchenregiments aus Anlass des angeblichen „Modernismus" der Vertreter des liberalen „Protestantenvereins" ausspricht, dann liegt er damit auf der Linie Martin Luthers. „Keinem Geistlichen soll etwas in den Weg gelegt werden, wenn er die Überzeugung habe, das Landeskonsistorium führe zum

Schaden der Kirche sein Regiment, und gegen dasselbe kämpft, denn die Geistlichen seien nicht Diener des Landeskonsistoriums, sondern Diener Jesu Christi; es könnte heilige Pflicht für sie werden, gegen das Landeskonsistorium aufzutreten." (98) Auf der gleichen Linie liegt Uhlhorns beherztes Eintreten für die Freiheit der Theologie gegenüber der Kirche. „Er (Uhlhorn) sehe es nicht als verhängnisvoll an, wenn der Katechismusglaube junger Studenten mit der Wissenschaft konfrontiert werde. Das könne zwar zu schweren inneren Kämpfen führen, doch müsse man durch sie hindurchgehen; diese Konflikte seien auch seiner Generation nicht erspart geblieben." (99) Eine solche Haltung ist auch heute noch keine Selbstverständlichkeit, setzt aber die Linie einer genuinen protestantischen Anthropologie konsequent fort.

Die von Ueding behauptete „protestantische Erziehung zum Schuldbewusstsein" ist nicht erst seit Freud ein weites und hart diskutiertes Problem. Diese Diskussion, gerade auch innerhalb der protestantischen Theologie und Seelsorgelehre, kann hier nicht in extenso ausgebreitet und geführt werden. Als eines der Ergebnisse aber lässt sich doch wohl festhalten, dass das starre Gegenüber von autonomem und heteronomem Gewissen längst aufgebrochen ist. Dass die protestantische Erziehung per se eine Unterwerfung unter ein Überich sei, das von außen nach innen hin übernommen wird, und dass das autonome Gewissen ein Erziehungsziel sei, bei dem all das vermieden wird, was man dem heteronomen Gewissen anlastet: Das wird nur noch selten behauptet werden. Gewissenserziehung, so lässt sich wohl eine verbreitete entwicklungspsychologische Linie zusammenfassen, ist heute die Einführung des jungen Menschen in Beziehungsfelder, deren Zusammenspiel und Steuerung er in den Jahren der Gewissensbildung zu internalisieren hat. Das Gegenüber von autonomem und heteronomem Gewissen hilft da höchstens kategorisch weiter. Der Begriff des „relationalen Gewissens" könnte möglicherweise eine Brücke bilden zwischen einer bloßen Außenlenkung des heteronomen und der isolierten Ich-Zentrierung des autonomen Gewissens. (100) Im „Zeitalter des Narzissmus" wäre aber dann das „erschrockene Gewissen" der Reformation durch die Annahme eines „gekränkten Gewissens" zu ergänzen. Das gerade, weil es viel stärker auf die Ich-Funktionen des Menschen bezogen ist, allgemeine Aussagen und Folgerungen verbietet; vielmehr die individuelle Lebenslage und die jeweiligen Beziehungsfelder in umfangreicher Weise einzuschließen hat.

Damit aber kommt die Kindheits- und Jugendzeit Wilhelm Buschs, das damalige Umfeld und die damalige Erziehungsproblematik in den Blick. Die Darstellung einer puritanisch strengen, ebenso kleinkarierten wie unterdrückenden und lieblosen Erziehung, die Busch angeblich genossen hat, ist nicht Gert Ueding allein anzulasten. Dieser Sicht der Dinge ist, meiner Beobachtung nach, eine ganze Generation von Busch-Interpreten aufgesessen. Eine Sicht vor allem des Familienumfeldes ist dies, an der Wilhelm Busch nicht ganz schuldlos ist. „Mein Vater war Krämer", schreibt er 1886 in seiner kleinen Autobiographie für die „Frankfurter Zeitung", „klein, kraus, rührig, mäßig und gewissenhaft; stets besorgt, nie zärtlich; zum Spaß geneigt, aber ernst gegen Dummheiten." (101) Entweder hat das Wort „Krämer" damals einen anderen Klang gehabt oder Wilhelm Busch hat sich selbst ein wenig damit aufwerten wollen, dass er seine Herkunft aus kleinen Verhältnissen herausstrich: Dieser Satz hat offenbar viele Autoren dazu verführt, die Kümmerlichkeit des Elternhauses von Wilhelm Busch so breit wie möglich auszumalen. „Arbeiten und Zusammenhalten bestimmte das Leben, und schon die kleinsten Abweichungen, die bescheidensten Träume mußten als Bedrohung erscheinen." (Herbert Günther) (102) Martin Tschechne weiß es alles noch genauer: „Johann Friedrich Wilhelm Busch war Krämer. Gelierzucker und Salz, Pfefferminzdragees, Schuhbänder, Mäusefallen... . Die Kinder sollten es einmal besser haben. Das war schon immer der Motor für bürgerlichen Bildungseifer. Auch der brave Gemischtwarenhändler Johann Friedrich Wilhelm Busch sah darin ein Lebensziel. Ein Klavier stand im Haus. Das wird wohl nicht bei jedem im Haus so gewesen sein". (103) Von solchen degradierenden Bemerkungen ist es nicht weit bis zu kurzen, wie nebenher geäußerten Mutmaßungen wie bei Joseph Kraus, die im Rundumschlag eine gesamte Familienatmosphäre mit weitreichenden Folgerungen heraufbeschwören: „Die Atmosphäre im Hause Busch muss von einer puritanischen Herbheit gewesen sein, und es scheint, dass die Zuneigung der Eltern sich vor allem in reibungsloser, vielleicht etwas kühler Pflichterfüllung äußerte." (104) Die noch viel pointierteren Aussagen von Gert Ueding zum Elternhaus von Wilhelm Busch will ich hier nicht noch einmal zitieren.

Dabei hatte schon 1966 der frühere hannoversche Stadtdirektor Karl Wiechert, der zu jener Zeit Geschäftsführer der Wilhelm-Busch-Gesellschaft war, in einer präzisen Untersuchung des sogenannten „Loccumer Rezeptbuchs" erstaunliche Dinge über den Vater Wilhelm Buschs ans Licht gebracht. (105) Der vorehelich geborene Johann Friedrich Wilhelm Busch, der – vielleicht aus Erbschaftsgründen – auch nach der Heirat der Mutter Sophie Busch mit Johann Heinrich Emme den Namen Busch behielt, hatte in seinem Heimatort Ilvese Kaufmann gelernt. 1831 heiratete er sozusagen in den Wiedensahler „Kramladen" ein, der ihm in der Beschreibung seines Sohnes den Titel „Krämer" einbrachte. Seine Frau, Henriette Dorothee Charlotte Kleine, war nicht nur die Tochter des früh verstorbenen Wundarztes Johann Georg Kleine, sondern war auch in erster Ehe mit einem Arzt, mit dem aus Sachsenhagen stammenden – ebenfalls früh verstorbenen – Nachfolger in der Wiedensahler Arztpraxis, Dr. Stümke, verheiratet gewesen. Die drei Kinder aus dieser Ehe waren alle schon bald nach der Geburt gestorben. Als die 28-Jährige 1831 den nur um zwei Jahre älteren Kaufmann aus Ilvese in zweiter Ehe heiratete, hatte sie also schon eine schwere Zeit, mit vier Todesfällen in wenigen Jahren in der eigenen Familie, hinter sich. Die beiden Witwen, Mutter und Tochter, aber scheinen nicht den Mut verloren zu haben. Die Mutter hatte, wahrscheinlich auch mangels Alters- und Witwensicherung, einen kleinen Kaufmannsladen an der breiten Dorfstraße eröffnet, und die Tochter stieg nach dem Tod ihres Mannes 1829 dort mit ein. Mit der Heirat von Henriette Kleine verw. Stümke übernahm Johann Friedrich Busch dieses Geschäft und brachte es in kurzer Zeit auf ein erstaunliches Niveau.

Das lässt sich alles, wie Karl Wiechert dargelegt hat, genauestens nachvollziehen. (106) Schon der 21-jährige Kaufmannsgehilfe hatte 1822 die Anlage eines „Rezeptbuches" begonnen, in dem er fortwährend alles für ihn Wissenswerte zusammentrug: Rezepte, Hausmittel und Ratschläge bunt gemischt für die Kundschaft. Aus der Auswertung von Steuererklärungen und Rechnungen hat Wiechert herausgearbeitet, dass Vater Busch mit Direkteinkauf beim Werk, mit der Inanspruchnahme von Krediten und in der ständigen Ausweitung des Lederhandels ein Geschäftsmann von hoher Flexibilität und Durchsetzungskraft gewesen sein muss. Das Umfeld und das Dorf Wiedensahl bot offenbar die besten Voraussetzungen für eine florierende Geschäftätigkeit. Wiedensahl soll in dieser Zeit die unglaubliche Zahl von 17 Schustern gehabt haben; die große Garnison in der nahen preußischen Grenzstadt Minden bot diesem Gewerbe ein reiches Betätigungsfeld. Vater Busch hatte diese zu beliefern, zentnerweise wurde das Leder für die Schuster vorgehalten. Die Fahrt zu den Ledermessen nach Hannover war eine Selbstverständlichkeit. (107) 11 Leineweber, 8 Tischler und andere Betriebe komplettierten eine Handwerkerdichte in diesem Dorf, die heute kaum noch vorstellbar ist. (108) Im „Heimatmuseum" von Wiedensahl in der Hauptstraße 89, im „Alten Pfarrhaus," kann man heute noch die frühere Handwerksgeschichte dieses Dorfes studieren. Ein guter Kaufmann konnte das alles nutzen, und Johann Friedrich Wilhelm Busch scheint ein hervorragender Kaufmann gewesen zu sein. 1865 ließ er sein Geschäft sogar als „Colonial-, Material- und Manufacturgeschäft F. W. Busch" in das Handelsregister eintragen. Die besondere Überraschung des „Rezeptbuches" aber hält der zweite Teil für den Leser bereit: Säuberlich durch leere Blätter von den Rezepten abgetrennt, hat Vater Busch – Gedichte verschiedener Autoren eingetragen. „Der scheinbar so nüchterne Krämer liebte gefühlvolle Gedichte", urteilte Karl Wiechert. (109) Auch spöttische oder gesellschaftskritische Verse sind darunter. Es ist offenbar nicht ganz deutlich, aus welcher Zeit diese Eintragungen stammen. Aber zumindest in seinen jungen Jahren verrät das „Rezeptbuch" eine Gemütslage, die der seines Sohnes Wilhelm nicht völlig unähnlich ist.

Johann Friedrich Wilhelm Busch scheint sich jedenfalls schnell eine beachtliche Position in Wiedensahl errungen zu haben. Schon bei der Taufe seines ersten Sohnes, eben unseres Wilhelm Busch, werden nicht nur ein naher Verwandter und ein Geschäftsfreund, sondern auch der Arzt des Dorfes zu Paten gebeten. (110) Drei seiner fünf Söhne lässt Vater Busch studieren und bezahlt auch die sorgfältige Ausbildung der anderen beiden. Wilhelm schließt an das abgebrochene Ingenieurstudium ein Studium der Malerei. Otto promoviert in Philosophie und wird Hauslehrer. Hermann ist, als Lehrer für Mathematik, am Ende Gymnasialprofessor in Celle. Gustav gründet in Wolfenbüttel die Konservenfabrik „Busch und Barnewitz". Adolf übernimmt, nach einer Ausbildung in Braunschweig, das väterliche Geschäft. Und die Tochter Fanny heiratet 1859 mit 25 Jahren, als die erste Frau des Wiedensahler Pastors Hermann Nöldeke stirbt, den 29 Jahre älteren Mann, wird Stiefmutter seiner vier Kinder, hat mit ihm drei weitere Söhne, und ist fast 20 Jahre lang die „Pastorin", wie man das damals nennt, von Wiedensahl. Das zweitjüngste Kind, Anna Busch, ist schon mit 15 Jahren an Leukämie gestorben. Es mag sein, dass Friedrich Wilhelm Busch in gewissen Dingen, wie Wilhelm Busch andeutet, konservativen Geistes gewesen ist. „Er rauchte beständig Pfeife, aber, als Feind aller Neuerungen, niemals Zigarren, nahm daher auch niemals Reibhölzer, sondern blieb bei Zunder, Stahl und Stein oder Fidibus." (111) Man weiß sogar überhaupt nicht, ob der „Feind aller Neuerungen" nicht sogar als Hommage an den Vater gemeint ist; denn mit dem nächsten Satz erweist er dem poetischen Sinn seines Vaters eine späte Reverenz. „Jeden Abend spazierte er allein durchs Dorf, zur Nachtigallenzeit in den Wald." So ist später auch Wilhelm Busch allein auf seinen Spaziergängen durchs Dorf und in den Wald gezogen. Auf jeden Fall ist, wenn man gründlicher hinschaut, überhaupt nichts Duckmäuserisches und Krämerhaftes um diesen Mann. Von einem engen Geist kann da keine Rede sein. Und man muss sicher Karl Wiechert Recht geben, wenn er abschließend urteilt, „daß Friedrich Wilhelm Busch das Heraufkommen einer neuen Zeit früher als seine Wiedensahler Mitbürger spürte." (112) Bildung war das Erfordernis der Zukunft, und dafür wollte er seine Familie gerüstet sehen.

Ernst Kampermann hat in „Satire", den „Mitteilungen der Wilhelm-Busch-Gesellschaft" des Jahres 2007, eine Reihe von Briefen des Pastors Georg Kleine aus Ebergötzen und Lüthorst publiziert, die die Einseitigkeit und Haltlosigkeit des Vorwurfs einer „Unterwerfungspädagogik" und einer „repressiven Erziehung", die Wilhelm Busch genossen haben soll, noch einmal in aller Deutlichkeit unterstreichen. Der Onkel Wilhelm Buschs, der offensichtlich häufig in Geldnöten war, rechnet in diesen Briefen genauestens alle Ausgaben, die er mit der Wohnung und der Erziehung von Wilhelm Busch hatte, mit dessen Vater ab. Bis hin zu der Einkleidung und den Ausgaben, die Georg Kleine bei Wilhelm Buschs Wechsel auf das Polytechnikum in Hannover entstanden waren. „Ich bin jetzt nicht bei Kasse und kann nicht vorschießen. Schicke es so bald als möglich." (113) Vater Busch hat das auch alles ohne Murren und postwendend bezahlt. Aus diesem Briefwechsel hat E. Kampermann geschlossen, dass der Vorschlag, Wilhelm Busch mit neun Jahren in das Pfarrhaus von Ebergötzen zur weiteren Erziehung und Unterrichtung zu schicken, nicht von den Eltern Wilhelm Buschs, sondern von Pastor Georg Kleine stammt. Dieser hatte, nach einer langen Zeit als Privatlehrer, endlich die Pfarre in Ebergötzen erhalten. Diese war freilich gering dotiert, und zusätzliche Einnahmen waren dringend erwünscht. So wurde offensichtlich mit Wilhelm Busch der erste Schritt in eine kleine Privatschule im Pfarrhaus unternommen. Die „Schulstube" im Pfarrhaus blühte und gedieh, Dorfkinder, begabte Kinder aus der Verwandtschaft und aus Pfarrerfamilien wurden in Ebergötzen oder später, nach Georg Kleines Wechsel nach Lüthorst, dort am Solling für die höhere Schule vorbereitet. Auch die vier Brüder Wilhelms waren dort, und die Schwester Fanny hat im Pfarrhaus von Lüthorst ihre Haushaltsausbildung absolviert und die Atmosphäre eines Pfarrhauses von innen her genossen.

Vor allem aber: Diese Briefe verraten Entscheidendes über die Erziehungsmethoden Georg Kleines, die offenbar mit denen des Vaters Busch übereinstimmten, sonst hätte er sich wohl kaum so offen ihm gegenüber geäußert. Am 29. April 1842, als Wilhelm

Busch gerade erst ein gutes halbes Jahr in Ebergötzen ist, schreibt Georg Kleine an dessen Vater mit der Anrede „Mein lieber Busch!" „Mit Wilhelm geht es recht gut; er hat freilich noch gar manches an sich, was noch heruntermuß; indeß mit der Zeit bricht man Rosen. Es kann nicht in Abrede gestellt werden, daß es schon um vieles mit ihm anders geworden ist. Bisher habe ich noch keine Strafe anzuwenden nöthig gehabt, da ich ihn von vornherein daran gewöhnt habe, sich durch bloßes Wort lenken zu lassen; wobei es hoffentlich auch für die Folge wird bleiben können." (114) Die Erziehung des Pastors Kleine geht offensichtlich nicht von Subjekt zu Objekt, sondern von Person zu Person. Bedenklich mag es auf den ersten Blick erscheinen, dass Georg Kleine die Erziehung mit dem Brechen von Rosen zu vergleichen scheint. Aber gerade hier sieht man, wie die Vorurteile die Gedanken in bestimmte Richtungen lenken. Pastor Kleine liebt dieses Bild anscheinend sehr, und er hat es offenbar dem gerade angekommenen kleinen Wilhelm zu seinem nachweihnachtlichen Brief nach Hause in die Feder diktiert. Dort kommt der Sinn genauer heraus. „Aller Anfang ist schwer", heißt es in dem Brief, der nun wirklich nicht wie das Schreiben eines Neunjährigen klingt. „Das werdet ihr auch an meinen schriftlichen Arbeiten erkennen; aber ich tröste mich mit dem Sprichworte: mit der Zeit bricht man Rosen, und verliere darum die Geduld nicht, wenn's auch langsam geht." (115) Der Sinn des Satzes entschlüsselt sich also nicht aus dem „brechen", sondern aus der „Geduld" und aus der „Zeit". Die Rosen brauchen Zeit, um zu wachsen, ehe man sie brechen kann. So braucht auch die Erziehung des Menschen Zeit und Geduld, um ihn zu seiner vollen Gestalt zu bringen. Und Zeit und Geduld hat der Onkel Georg Kleine mit dem Neffen Wilhelm wirklich gehabt. Die Tochter Fanny hat ihrem Vater sogar vorgeworfen, er habe vielzu viel Geduld mit diesem schwierigen Cousin gehabt. Dass Wilhelm nun wirklich kein Duckmäuser gewesen ist, geht aus dem Umsiedlungswunsch der Tante Mathilde hervor, die aus dem Pfarrhaus von Lüthorst ausziehen wollte, da sie offenbar besonders unter den Eskapaden des Wiedensahler Verwandten litt. Auch den Aufbau ihres neuen Haushaltes stellt Onkel Kleine dem Vater Busch in Rechnung, und auch dies hat Friedrich Wilhelm Busch beglichen.

Es bleibt der Vorwurf, die Eltern Busch hätten sich während der langen Jahre der Abwesenheit ihres Sohnes Wilhelm von Wiedensahl kaum um diesen gekümmert, und das sei ein deutliches Anzeichen für die emotionale Kälte, die in dieser Familie geherrscht habe. Bis auf einen Besuch des Vaters Busch in Ebergötzen, der ausführlich dokumentiert ist, habe es keinen näheren Kontakt gegeben. Ja, Wilhelm Busch selbst habe die Geschichte erzählt, dass die Mutter ihn nach einer Abwesenheit von drei Jahren bei einem Besuch in Wiedensahl nicht wiedererkannte. Die „dunkle Schuld", die der Sohn durch die Entfernung aus der Familie belastend gespürt habe, sei durch die Kontaktlosigkeit zu den Eltern verstärkt worden und zu einer beherrschenden Dominante für seine Lebensauffassung und für sein Werk geworden. Dies geht vor allen Dingen gegen die Mutter, zu der Wilhelm Busch doch eine erkennbar engere Bindung entwickelt hatte als zu dem immer emsig beschäftigten Vater.

Nun wird man einem Neunjährigen, der Wilhelm bei seinem Umzug von Wiedensahl nach Ebergötzen war, nicht die Verlustängste andichten können, wie es bei einem Kleinkind in entsprechender Situation zu vermuten gewesen wäre. Möglicherweise war er auch, wie sich Wilhelms Cousine Mathilde, die Tochter Pastor Kleines erinnert, in den Schulferien gelegentlich zu Hause. (116) Aber der Versuch, das Fehlen der Briefe der Mutter an den ältesten Sohn in der Ferne lasse sich zu der Vermutung steigern, es habe diese Briefe nie gegeben, scheint mir grob fahrlässig zu sein. Im Gegenteil: Henriette Busch geborene Kleine verwitwete Stümke ist eine große Briefschreiberin gewesen. Eine Reihe von Briefen an ihr viertes Kind, den Sohn Adolf, sind erhalten, und sie lassen eine Frau erkennen, die warmherzig an dem Ergehen gerade auch ihrer abwesenden Familienmitglieder Anteil nahm und diese Anteilnahme nicht nur in Paketen und Naturalien, sondern auch verbal auszudrücken wusste. Wilhelm Buschs Charakterisierung seiner Mutter erfasst Wesentliches, aber deutet ihre geistigen Kapazitäten mit ihrem Lesebedürfnis nur eben an: „Meine Mutter, still und fromm, schaffte fleißig in Haus und Garten und pflegte nach dem Abendessen zu lesen." (117) Sie

hat sicher, gerade auch mit ihren Briefen, die Familie zusammen-
gehalten.

So schreibt sie an ihren Sohn Adolf am 30. Oktober 1860, als
Wilhelm Busch längst in München ist: „Von Wilhelm erhielten
wir (vor) drei Wochen einen Brief, worin er uns schreibt, daß er
schon seit 14 Tagen krank sei. Du kannst leicht denken, wie uns
diese Nachricht erschreckte und mit Sorge erfüllte." Die Kom-
munikation zwischen den Geschwistern läuft anscheinend oft
über die Mutter, und diese fügt ihre klugen Kommentare und
Beobachtungen hinzu. So heißt es in einem späteren Schreiben
an Adolf: „Von Wilhelm hatten wir kürzlich auch einen Brief,
worin er auch einen herzlichen Gruß und die Versicherung an
Dich bestellen lässt, daß er Deiner oft mit Liebe gedächte. Außer
daß er gesund ist, schreibt er nichts näheres über sich, wie er es
gewöhnlich tut." Selbst die obligatorischen mütterlichen Ermah-
nungen sind verbunden mit sensiblen Worten der Wärme und der
Zuneigung. „Nun, lieber Adolf, lebe recht wohl. Gott behüte und
erhalte dich gesund und zufrieden, halte Dich bei allem stets zu
ihm, bleibe auf seinem Wege und halte Dich zu seinem Worte,
dann wird er Dich nicht verlassen und beim ernstlichen Willen,
wenn Du an seiner Seite, Dir Kraft geben, den mancherlei Verführungen der Jugend zu widerstehen. Ich bitte besonders darum für
Euch alle, und wenn Ihr das Eurige damit verbindet, Du weißt
ja, lieber Adolf, Ihr seid mein ein und mein alles, meine Sorge,
meine Freude, könntet aber auch mein größter Kummer werden,
davor wolle der alliebende Vater mich in Gnaden behüten." (118)
Ähnliche Briefe wird Henriette Busch auch an die anderen Kinder geschrieben haben.

Und da hält man es für möglich, dass die Mutter Busch den Kontakt zu dem ersten Kind, das aus dem Hause ging, hat abbrechen
lassen? Wilhelm Busch wird die sicher zahlreichen Briefe, die er
erhalten hat, – wie er es sein ganzes Leben hindurch mit seiner
Korrespondenz tat – eine Zeitlang aufbewahrt und dann weg-
geworfen haben.

Überhaupt verdienen die Frauen in der Busch-Familie ein eigenes Interesse. Henriette Busch erinnert mich in der engen Verbindung von zugleich handfester, emotionaler und geistiger Zuwendung sehr an ihre Bremer Schwiegertochter Johanne Fuhlhage, mit der sie lange in einem Haus gelebt hat. Der Braut ihres Sohnes Adolf schrieb sie diesen vitalen Gruß: „Ich habe nehmlich ein kleines Töpfchen Butter für Euch, Ihr Lieben, eingeknetet, und wollte auch ein Brot mit beilegen, da Ihr alle unser Wiedensahler Brot so gern esst, die Butter wird so schön nicht seyn als dort in Eurer Gegend, denn dazu fehlt uns hier die schöne fette Weide, Du weißt ja wie großen Einfluß das darauf hat, auch wird dieselbe nicht mehr so ganz frisch zu Euch gelangen, ich mache mir aber die schmeichelhafte Hoffnung, daß der Gedanke, es ist Wiedensahler Butter, das fehlende ersetzt." (!) (119)

Diese Johanne Busch geborene Fuhlhage hat in ihrem Alter ein Tagebuch geführt, in das sie während der Jahre 1892/93 fast täglich schreibt und das sie noch bis 1906 gelegentlich fortsetzt. (120) Präzise sind dort auch die Besuche von oder bei Wilhelm Busch, mit genauen Personenbeobachtungen, notiert. „Heute Morgen war zu unser aller Freude Wilh. Busch hier. Sah so ab aus. War sehr gealtert und ganz weiß" (5. Januar 1894). Vor allem aber lässt dieses Tagebuch auch erkennen, welche emotionale Kraft in diesen Frauen der Busch-Familie steckte. Zwei der sechs Kinder machen ihr ganz besonders Sorgen. „Ich nähe noch eine Schürze fertig für H. und muß in Wehmuth gedenken an die vergangene Zeit. Mit welchem Vergnügen habe ich hier so ganz allein gesessen, als die Kinder klein, mit welchem Vergnügen ihrer Ankunft in den Ferien entgegengesehen, als sie noch in Bückeburg waren. Mit den Jungen ist es jetzt zum Weinen. ... Ich möchte am liebsten nur weinen; das Herz will mir immer aus dem Halse. Wie es ist, sich freuen, das kenne ich nicht mehr" (22. Dezember 1892). Am Heiligabend ist es besonders schlimm. „Ich habe mich den Abend gar nicht fassen können und, nachdem ich mich ordentlich satt geweint, haben wir die Lichter am Baum angesteckt" (24. Dezember 1892). Aber auch: Welche poetische Genauigkeit der Beobachtung und Kraft des Ausdrucks bei den schönen

Dingen, Schwager Wilhelm Busch könnte das – bis auf den Schlusssatz – in seinen Briefen fast genauso geschildert haben. „Es war so wunderbar schön draußen, als ich abends noch einen Gang durch den Garten machte. Der Rasen wie ein Sammetteppich und die Hecken wie schwellende Polster im wundervollsten Hellgrün. Alle Bäume stehen im Blütenschmuck so zart und schön, dass man beim Anblick derselben unwillkürlich die Hände faltet" (26. April 1893).

Ich breche die Betrachtung des Wiedensahler Umfeldes von Wilhelm Busch ab. Man meint, in den vielen Büchern über Wilhelm Busch müsse alles recherchiert und beschrieben sein. Aber man entdeckt, dass der eine oft nur von dem anderen abgeschrieben und sich auf ihn verlassen hat. Es ist hohe Zeit, noch einmal wieder die Wiedensahler und Mechtshausener Lebensgeschichte von Wilhelm Busch aufzuarbeiten und dabei auch die Tradition und Überlieferung von Adolf und Johanne Busch einzuarbeiten, die weithin unbekannt geblieben ist. Dazu gehört dann auch der unselige „Erbschaftsstreit", der eine Abkühlung des Familienklimas der Großfamilie Busch mit sich gebracht und der wohl auch zu dem Umzug Wilhelm Buschs nach Mechtshausen beigetragen hat. Der von vielen Autoren Adolf Busch zur Last gelegt wird; aber Adolf und Johanne Busch haben nach meinem Einblick in einige Unterlagen weitaus am meisten darunter gelitten. Ein differenziertes Bild der Früh- wie der Spätgeschichte Wilhelm Buschs in Wiedensahl und Mechtshausen könnte entstehen, das die pauschalen Urteile und Vorurteile, von denen ich ausgegangen bin, nach meiner Vermutung im Handumdrehen widerlegen würde. (121)

Wenn nun das Gebäude einer nahtlosen Zusammengehörigkeit von Person und Werk des Wilhelm Busch, das am eindrucksvollsten Gert Ueding errichtet hat, nach meiner Meinung wie ein Kartenhaus in sich zusammenfällt, von welcher Seite man es auch anfasst und betrachtet: So ist man damit noch nicht allzu viel weiter gekommen. Es liegt noch einmal wieder die offene Frage auf dem Tisch, wie die Biographie und das Lebenswerk von Wilhelm

Busch nun wirklich zusammenkommt und welche Rolle die religiöse Dimension darin bei ihm spielt. Immerhin: Das Misstrauen ist gewachsen, ein einheitliches Erklärungsmuster finden zu können, das beide Seiten ohne Bruchstellen in sich integriert. Die Achtung vor dem Geheimnis eines Menschen und der Respekt vor seiner Vielschichtigkeit ist bei mir im Laufe der Beschäftigung mit der Person Wilhelm Busch wieder einmal enorm gewachsen. Man durchschaut sich ja nicht einmal selbst; wie könnte dies ein anderer tun?! Aber wichtige Beobachtungen könnten doch festgehalten und einem als wichtig erscheinende Gesichtspunkte gesammelt werden, die den Hintergrund der Bildergeschichten in ihrem personalen, also auch biographischen Bezug hier und da erhellen könnten. In dem Kontext einer vorsichtigen Befragung der Person und des Werks von Wilhelm Busch möchte ich die folgenden Erörterungen verstanden wissen.

„Dem Teufel fällt's von selber zu"

Noch einmal müssen wir, so schlage ich vor, in das Problem des Bösen einsteigen. Dabei sollte die leitende Fragestellung sein, welche Dimensionen hinter der bei Busch so deutlichen Faszination durch das Böse erkennbar werden. Ist es eine rundherum pessimistische Weltsicht, die vor der Übermacht des Bösen kapituliert? Ist es die Lust am Bösen, die – wenn sie nicht zum Sadismus führt, was man bei Busch nicht vermuten kann – durch seine Bloßstellung einen Immunisierungsprozess gegenüber dem Bösen betreiben möchte? Eine Ableitung und Abfederung der eigenen Aggression, wie man sie etwa dem Kriminalfilm zuschreiben möchte? Oder steckt noch anderes dahinter, und wie kommt das in dem transzendentalen Bezugsfeld einer Ethik, in der Zuordnung von gut und böse zu stehen? Wo gibt es Anknüpfungs- und Erhellungspunkte im Denken unserer Zeit?

Es ist unter den eindrucksvollen Denkern der Gegenwart vor allem der französische Philosoph jüdischen Glaubens Emmanuel Lévinas gewesen, der sich eingehend mit dem Problem des Bösen – wie Wilhelm Busch – beschäftigt hat. Dabei muss man sich vor Augen halten, dass im Französischen „le mal" eine große Konnotationsbreite hat und das moralisch Böse, das Boshafte, Krankheit und Sterblichkeit ebenso umfasst wie das existentielle Unheil und das Leid. Weshalb „le mal" in den Schriften von Lévinas im Deutschen auch häufig mit „das Übel" übersetzt worden ist. Auch diese große Erlebnisbreite jenes Phänomens hat mich sofort an Wilhelm Busch erinnert. *Le mal*, das Übel, das Böse ist nach Lévinas der Bruch mit dem Normalen und dem Normativen, ist der Bruch mit der Ordnung und mit der Synthese, die diese Welt konstituiert. Im Leiden wird das Übel, le mal, in besonderer Weise virulent. „Das Leiden als Leiden ist nur eine konkrete und gleichsam fühlbare Manifestation des Nicht-Integrierbaren, des Nicht-zu-Rechtfertigenden". (122) Das Böse ist die Monströsität per se, das Wider-die-Natur, ist die Ablehnung jeder Übereinstimmung mit dem Menschen und mit der Welt. Es ist „das von sich her Störende und Fremde". (123) Und da das Böse, mit dem sich der Mensch befasst, auch diesen integriert, gibt es natürlich auch die Lust am Bösen. Der Mensch ist immer auch einer, der aus der Welt herausfällt und sich nicht nur im Konflikt, sondern auch im Zerfall aller Lebensgrundlagen vorfindet und diesen aktiviert. Die Lust am Bösen zu akzeptieren, sie sozusagen spielerisch, auf dem Welttheater der Moritaten und Bänkelsänger auszudrücken und sie gerade nicht real agieren zu lassen, kann das Zeichen einer reifen Persönlichkeit sein. Aber noch ein anderer Gedanke bei Lévinas ist es, der mich sofort an Wilhelm Busch erinnert hat. Wo das Übel auftritt, da ist es immer in der Weise des Exzesses. „In seiner Übelhaftigkeit des Üblen ist das Übel Exzess." Eins türmt sich aufs andere, die Phantasie des Bösen ist unendlich, es ist immer überraschend und unvorhersehbar, geht wider allen Sinn und alle Bestimmung, noch im Gebet winkt die Flasche. Aber das Übel und das Böse ist nicht nur eine Sache, im Übel erreicht mich ein Du, das mich sucht und das genau mich meint. Es ist so, „als ob mich jemand verbissen bekämpfte" (124), und deshalb, so folgere ich, biegt auch die Vorstellung vom Teufel und von seinen Komplizen um die nächste Ecke.

Dies sind nach Lévinas, in einer Phänomenologie des Bösen, schon Elemente des Transzendenten. In gleicher Weise trifft dies noch auf eine letzte Beobachtung zu, die eine Betrachtung des Übels sichtbar werden lässt. Es gibt, ganz elementar und ganz umfassend, den Hass auf das Böse. „Das Übel trifft mich in meinem Abscheu vor dem Übel und offenbart so – oder ist bereits – meine Verbindung mit dem Guten." (125) Das mag auf den ersten Blick wie eine allzu ideale Sicht der Dinge erscheinen. Aber man überprüfe das einmal an den Bildergeschichten Buschs. Ohne diesen inneren Abscheu vor dem Bösen – der, wie gesagt, die Lust am Bösen mit einschließt –, würde die Logik dieser Geschichten überhaupt nicht funktionieren. Ob sich das im direkten, manchmal harmlosen und manchmal bösartigen Ausagieren des Übels oder in der Scheinheiligkeit, in der Bigotterie zeigt: Ohne die Erkenntnis der Differenzen zwischen dem Sein und dem Sollen, zwischen dem Bösen und dem Guten, läuft die Logik der Bildergeschichten Buschs ins Leere. „Die Erfahrung des Übels wäre demnach auch unser Warten auf das Gute". (126) Ob das dann schon die „Liebe zu Gott" ist, wie Lévinas behauptet, will ich dahingestellt sein lassen.

Auf der Seite des Menschen aber, dessen Leben so elementar um die Erfahrung des Bösen kreist, begründet das eine große Verletzlichkeit. In der Verletzlichkeit erlebt sich das Subjekt in jener Passivität, als Opfer von Einwirkungen, die es nicht bestimmen kann. Im Leiden, in der Erfahrung des Übels kann man nichts mehr tun, so behauptet man. Aber stimmt das eigentlich?, fragt Lévinas. Gibt es nicht die Annahme der Verletzlichkeit und des Abschieds, die Umformung, dass man nicht nur durch etwas, sondern für etwas und für jemanden leidet? „Einzig ein verletzliches Ich kann seinen Nächsten lieben." (127)

Dieser innere Zusammenhang zwischen der Erfahrung des Bösen und der Verletzlichkeit des Menschen ist für mich zum Schlüssel für die Person und für das Werk von Wilhelm Busch geworden. Woher die Verletzlichkeit des Menschen Wilhelm Busch kommt, mögen andere beurteilen. Sicher ist auch der Durchgang durch bittere Erfahrungen und Enttäuschungen mit im Spiel. Aber die Resignation und die Melancholie, die in seinen Briefen immer wieder durchklingt, muss nicht das Zeichen von internalisierter Unterdrückung sein. Das Wissen um den Abschied, die Erfahrung von Verletzlichkeit gehört zu einem vollen Menschsein – sicherlich in unterschiedlicher Ausprägung – mit dazu. Verletzlichkeit erlebe ich im Leben von Wilhelm Busch von vorne bis hinten. Im plötzlichen Abbruch der Beziehung zu Johanne Keßler kommt sie überdeutlich heraus. Dem Mut zur Wiederaufnahme dieser Beziehung geht wahrscheinlich ein langes, aber nirgendwo erkennbares Leiden an ihrem Ende voraus. Der Rückzug nach Wiedensahl und nach Mechtshausen ist sicherlich auch ein Zeichen dieser übergroßen Verletzlichkeit. Wenn man die Biographie Buschs noch einmal intensiv durchforsten würde, käme mit einiger Sicherheit Buschs Unfähigkeit, mit Konflikten umzugehen – auch in der eigenen Familie –, heraus. Aber vor allem sein Werk ist für mich die gestaltgewordene Form seiner Verletzbarkeit. Die genaue Beobachtung des menschlichen Lebens erreicht man nur durch eine ungeheure Empathie, die sich durch die Ereignisse und Dinge wirklich betreffen lässt. Noch mehr gilt das natürlich für deren treffende Formulierung in Wort und Bild, so dass einem dies alles als wiedererkennbare Erfahrung unvergesslich bleibt. Nur ein verletzliches Ich kann lieben: Die große Rolle, die die Liebe im poetischen Werk von Busch spielt, macht noch einmal deutlich, dass gerade auch die Ironie und die Persiflage seiner Bildergeschichten Ausdruck einer großen Liebe zum Menschen und zum Leben ist.

„Höchste Instanz"

> *„Was er liebt, ist keinem fraglich;*
> *Triumphierend und behaglich*
> *Nimmt es seine Seele ein*
> *Und befiehlt: ‚So soll es sein'.*
> *Suche nie, wo dies geschehen,*
> *Widersprechend vorzugehen,*
> *Sintemalen im Gemüt*
> *Schon die höchste Macht entschied.*
> *Ungestört in ihren Lauben*
> *Laß die Liebe, laß den Glauben,*
> *Der, wenn man es recht ermißt.*
> *Auch nur lauter Liebe ist."* (128)

Schließlich spielt die Verletzlichkeit in die Rolle des Lachens und des Humors bei Busch hinein. „Wo unser Lachen tief, das heißt der Kontrolle des Bewusstseins entglitten ist, da ist es auch Ausdruck der Verzweiflung", hat der Filmkritiker Georg Seeßlen in seinem Buch über die „Klassiker der Filmkomik" geschrieben. (129) Ich würde nach dem Vorhergehenden eher sagen: Das Lachen, das aus der Tiefe kommt, ist Ausdruck der Verletzlichkeit. Dass es immer auch ein Lachen über sich selbst ist, ist damit sicherlich auch gegeben. Selbst in der Schadenfreude, die man Busch so oft attestiert, steckt die Ahnung von der eigenen Lächerlichkeit, so wie wir den anderen erscheinen. Und dass das Lachen ein oftmals verzweifeltes Aufbegehren gegen die Störungen in der Welt und zugleich ein Versuch der Verwandlung der Passivität des Erleidens in eine – manchmal auch sehr wirkungsvolle – Bewältigung der Störungen bedeutet: Das kann man an den Denk- und Lebensanstößen, die von dem Werk eines Wilhelm Busch noch nach mehr als 100 Jahren ausgehen, eindrücklich studieren.

Wilhelm Busch ist, gerade auch in seiner Abneigung gegen das Böse, kein aufbegehrender und revolutionärer Künstler. Er ist ein Mann der leisen Töne. Aber das Leiden daran, dass sich das Böse in dieser Welt in schrecklichem Umfange von selbst versteht, ist sein Lebensthema geworden. Unvergleichlich kommt es in dem Gedicht heraus, das er mit einem „Leider" und einem Ausrufezeichen überschrieben hat.

„Leider!"

> „So ist's in alter Zeit gewesen,
> So ist es, fürcht' ich, auch noch heut.
> Wer nicht besonders auserlesen,
> Dem macht die Tugend Schwierigkeit.
>
> Aufsteigend mußt du dich bemühen,
> Doch ohne Mühe sinkest du.
> Der liebe Gott muß immer ziehen,
> Dem Teufel fällt's von selber zu." (130)

„Hier wird kein Freund vom Freund geschieden"

Es legt sich nahe, abschließend Wilhelm Buschs Sicht auf die Frömmigkeit und auf die Religion noch einmal anhand seiner „Pastorengeschichten" in Augenschein zu nehmen. Interessanterweise sind es keine Geschichten über Geistliche aus der eigenen Konfession, was zu vermuten gewesen wäre. Aber hier war die Nähe wohl doch zu groß, und man hätte es ihm sicher in der Verwandtschaft auch übel genommen, wenn er seine intime Kenntnis vom Alltag eines protestantischen Pastors in entsprechende ironische Bildgeschichten umgesetzt hätte. Episoden wie die eines überforderten Predigtamtskandidaten Hieronymus Jobs mochten gerade noch angehen. Aber damit war es dann auch genug. Alles andere musste, gut verborgen, in Geschichten untergebracht werden, die von vornherein eine größere Distanz zu dem eigenen Glaubensumfeld andeuteten. So sind die beiden großen Bildergeschichten, die sich um das Pfarrerbild rankten, im römisch-katholischen Bereich angesiedelt. Selbstverständlich sind die eigenen Akzentuierungen und theologischen Beurteilungen dort genauso abzulesen, wie sie in Bildergeschichten aus dem protestantischen Umfeld (siehe Hieronymus Jobs) zu erkennen sind.

Dabei ist die Geschichte von „Pater Filucius" (131) ein besonderes Problem. Nur in diesem Werk hat sich Busch auf tagespolitische Probleme eingelassen und hat sich in den Bismarckschen „Kulturkampf", der gegen die politischen Einflüsse der katholischen Kirche gerichtet war, geistig einspannen lassen. Völlig harmlos fängt der „Pater Filucius" an:

> *„Höchst erfreulich und belehrend*
> *Ist es doch für Jedermann,*
> *Wenn er allerlei Geschichten*
> *Lesen oder hören kann."*

Aber die Geschichte, die man hier hören und lesen kann, ist die des Pater Filucius, und dieser Pfarrer, der sich in den Haushalt des Junggesellen (!) Gottlieb Michael einschleicht, ist ein Jesuit. Dieser

Jesuit ist, wie Buschs Wortbildung „Filucio" andeutet, vielleicht sogar ein Italiener. Auf jeden Fall ist er ein Ultramontaner, ein Papsthöriger, und nichts hat Wilhelm Busch so sehr gehasst wie den katholischen Ultramontanismus. Dieser Filucius, im radebrechenden Deutsch, bekommt denn auch gleich sein Fett weg:

> *„Nämlich dieser Jesuiter*
> *Merkt schon längst mit Geldbegier*
> *Auf des Gottlieb sein Vermögen,*
> *Denkend: ‚Ach! Wo krieg ich Dir?'"*

Es kommt aber noch schlimmer. Erste Annäherungsversuche, wie zuletzt an die katholische Tante Trine, befördern ihn durch des „Armes Muskelkraft" des Hausherren arg plötzlich vor die Tür.

> *„Dieses plötzliche Ereigniß*
> *Thut ihm in der Seele leid.*

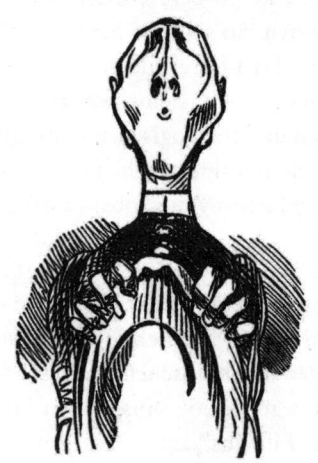

> *Ach, man will auch hier schon wieder*
> *Nicht so wie die Geistlichkeit!!"*

Aber was ein richtiger Jesuit in der protestantischen Polemik der Bismarckschen Kulturkampfzeit ist, der gibt nicht so schnell auf.

> *„Pater Luzi aber schleichet*
> *Heimlich lauschend um das Haus.*

Ein pechschwarzes Ei der Rache
Brütet seine Seele aus.“

Und dann weitet sich die Geschichte vom Pater Filucius, oder sie
ist dies längst, zur Allegorie der Konfessionskämpfe im „Deutschen Reich“. Die „geistige Giftmischerei“, die insbesondere den
Jesuiten von führenden Köpfen des „Deutschen Kaiserreichs“,
das sich als eine protestantische Größe verstand, immer wieder
vorgeworfen wurde, wird hier in die reale Handlung übersetzt.

„Gottlieb seine Abendsuppe
Stehet am gewohnten Ort. –

Husch! Da steigt Wer durch das Fenster;
Husch! Jetzt ist er wieder fort.“

Gottlob wird der Anschlag entdeckt, Filucius erhält seine gerechte Strafe, und sein laufender Kommentar ist wieder einmal fällig:

> *„Ach, man will auch hier schon wieder*
> *Nicht so wie die Geistlichkeit." (132)*

Aber diese Auslieferung einer Geschichte an die tagespolitische Aktualität tut ihr nicht gut. Die Figuren, besonders die des Pfarrers, bekommen kein eigenes Profil und sind auf ihren Ort in der polemischen Funktion des Autors fixiert. Die Allegorie entleert die Bildergeschichten einer weiterreichenden Allgemeingültigkeit. Vergleichbar ist der Vers, der sich unter den nachgelassenen „Gelegenheitsgeschichten" findet.

> *„Hochmüthig ist der Pfaffen Zunft;*
> *O Bismarck, bring sie zur Vernunft!*
> *Schmoll nicht zu lange in Varzin,*
> *Sonst möcht' wohl gar ihr Weizen blühn.*
> *Nimm sie beim Ohr und sprich zuletzt:*
> *Hier, meine Herrn, gilt das Gesetz."*

Aber zwischendurch gelingt es doch Wilhelm Busch immer wieder, auch die eigene Konfession mit heiterem oder grimmigem Lächeln zu persiflieren. Selbstverständlich richtet sich der Kehrreim, der den „Filucius" berühmt gemacht hat, auch gegen die Machtansprüche der protestantischen Kirchenhierarchie. Dass man auch schon wieder nicht so will wie die Geistlichkeit, trifft gerade eine „protestantische Pastorenkirche" voll ins Zentrum eines oft genug nur scheinbar spirituellen, in Wirklichkeit angemaßten Führungsanspruchs. Anderes ist harmloser, aber nicht weniger treffend. Das Bild der beiden Tanten im Haushalt des Gottlieb Michael bringt die konfessionelle Verschiedenheit der beiden westlichen Großkirchen herrlich auf den Punkt.

> *„Zwo bejahrte fromme Tanten*
> *Lenken seinen Hausbestand*
> *Und Petrine und Pauline*
> *werden diese zwo benannt. –"*

Lebensbejahend, heiter, dick und rund ist die sich auf Petrus berufende katholische Kirche. Die mit dem Kreuz auf der Brust sich auch nicht scheut, ihren eigenen Anspruch vor aller Welt zu demonstrieren. Die Kopfbedeckung nähert sich einer Bischofsmütze an. Schmal, freudlos, mit hochgezogenen Augenbrauen und Mittelscheitel die protestantische Kirche, die sich auf die Gnadenerkenntnis des Apostels Paulus stützt. Zwei ungleiche Geschwister; ob sie wirklich Schwestern sind, bleibt offen bis zum heutigen Tage.

Ganz nebenher gibt es noch eine hübsche antikatholische Polemik, die gegen die päpstliche Binde- und Lösegewalt gerichtet ist und die man leicht übersieht:

> *„Wo viel zarte Hände walten –*
> *Na, das ist so wie es ist!*
> *Bodenschlüssel, Kellerschlüssel*
> *Führen leicht zu Zank und Zwist. –"*

Das Teufelchen neben dem Engelchen am Schlüssel: Dem Protestanten, der mit dem Absolutheitsanspruch des Papstes wenig oder nichts anfangen kann, ist das so richtig aus der Seele gesprochen.

Aber der Protestantismus in der Gestalt der Tante Line wird auch nicht weiter geschont. Die Abendlektüre von Luthers Hauspostille, die zu den Frömmigkeitsgewohnheiten von Tante Line gehört, ist auch nicht gerade der Gegenstand einer konzentrierten Lektüre.

„Wohingegen Tante Line

Keine rechte Ruh genießt.

Wenn sie Abends, wie gewöhnlich

In der Hauspostille liest."

Überall juckt es. Ein zutreffenderes Bild von Frömmigkeitsroutine lässt sich wohl kaum finden.

So ist auch aus der Lektüre des „Pater Filucius" manches über Wilhelm Buschs Haltung zum Katholizismus, zum Protestantismus und zur eigenen Frömmigkeit zu entnehmen. Aber weitaus ergiebiger ist doch die Bildergeschichte, die Busch zwei Jahre früher publiziert hat: „Der hl. Antonius von Padua". (134) Schon die Schreibung des Titels ist Programm. Die Kleinschreibung von „heilig" beim Antonius (anders in der „Frommen Helene") ist, wie Hans Ries sicher zu Recht betont (135), keine Nachlässigkeit. Sie zieht den Heiligen sozusagen auf die menschliche Ebene herunter; macht daher, neben dem polemischen Sinn, auch eine Identifikation mit ihm möglich. Und diese Doppelbödigkeit ist durch den ganzen „Antonius" hindurch zu beobachten. Auch die Rückenansicht des Heiligen ist meiner Meinung nach, entgegen der Ansicht von Ries, kein „despektierliches Motiv". Sie lädt, wie bei Caspar David Friedrichs berühmtem Bild „Wanderer über dem Nebelmeer" in der Hamburger Kunsthalle, zur Identifizierung ein. Der Blick des Betrachters geht mit dem des Antonius gemeinsam in die Strahlen der Sonne. Natürlich sind auch Elemente von Ironie dabei: Die Tonsur und die Segelohren des Paters sind kein vergnüglicher Anblick, und der leere Heiligenschein um seinen Kopf herum lässt wieder die Doppelbödigkeit der ganzen Geschichte ahnen.

Der h. Antonius von Padua.

von Wilhelm Busch.

Das Vorwort mit der Klage über die schlimmen Zeiten gipfelt in der bangen Frage: „Aber wo ist Frömmigkeit??? –“ Mit drei Fragezeichen ist sie versehen; aber ob die Frage wirklich eine Antwort erhält, bleibt zunächst völlig offen. Der Ausflug in die Kindheit des kleinen Toni und in die Sturm- und Drangjahre seiner Jugend vermittelt keineswegs die Zuversicht, die Geschichte eines frommen Mannes erzählt zu bekommen. Szenen, wie man sie von Boccaccio her kennt und die von diesem auch kräftig entlehnt sind, entwickeln ihren deftigen Charme: Der Liebhaber unter der Tonne, auf der sich das Ehepaar liebkost; die eingeklemmte Katze, die diesem die Krallen zeigt; der Sturz in die Kloake. Das alles ist nicht sonderlich originell. Dann ist aber plötzlich, man weiß nicht recht wie, der Antonius Klosterbruder in Padua, und auf einmal weitet sich der Horizont.

Der Klosterbruder Antonius wird Maler, und das ästhetische Problem von Bild und Abbild ist auf einmal das Thema.

> *„Ein hoffnungsvoller junger Mann*
> *Gewöhnt sich leicht das Malen an! –"*

> *„Auch Bruder Antonio, welcher nun,*
> *Von seinen Sünden auszuruhn,*
> *Zu Padua im Kloster lebt*
> *Und geistlicher Bildung sich bestrebt,*

Hat es gar bald herausgebracht,
Wie man die schönen Bilder macht,
Und malt auf Gold, schön Roth und Blau,
Das Bildniß unsrer lieben Frau.
Umflattert von der Englein Chor
Tritt sie hervor aus des Himmels Thor."

Er malt sie als schöne junge Frau auf einer Wolke, ein Engel hält ihre Schleppe, viele kleine Puttenköpfe lächeln ihr zu. Natürlich ist es ein ganz traditionelles Marienbild, es mag sein, dass es eine Mischung aus der Maria der unbefleckten Empfängnis und dem apokalyptischen Weib aus der Offenbarung Johannes Kap. 12 ist; eine Vereinigung der beiden Bildtypen, wie sie schon im Barock üblich war. (136) Für Wilhelm Busch scheint die Gestalt der Maria, erstaunlicherweise oder auch wiederum nicht, eine große Anziehungskraft besessen zu haben. Ja, er scheint sogar zeitweise, im Blick auf vergleichbare Erfahrungen in der Imkerei, die unbefleckte Empfängnis für möglich gehalten zu haben. (137) In hohem Alter liest er noch einmal die neutestamentlichen Apokryphen und notiert dazu in einem Brief an Grete Meyer: „Empörende Ergänzung der Kindheitsgeschichte, weitschweifige Reden, lächerliche Wunderthäterei, überraschend frühe Ausbildung der Marienlegende, entschiedene Askese. Merkwürdig immerhin: Die Katholiken, schlau wie sie sind, haben zweierlei draus behalten: das anmuthige Bild der Madonna und für solche, denen es paßt, die strenge Enthaltsamkeit." (138) Es ist faszinierend, dass die beiden Hauptelemente, die die Substanz der Antoniusgeschichte ausmachen, die Madonna und das Eremitendasein, Wilhelm Busch sein Leben lang beschäftigt haben.

Es kommt also nicht von ungefähr, dass das Problem von Bild und Abbild, das einen Maler täglich umtreibt, am Beispiel des Marienbildes abgehandelt wird. Welches ist die eigentliche Wirklichkeit: Das reale Bild (in diesem Falle also die Marienerscheinung) oder das gemalte Abbild? Für Wilhelm Busch gehen beide ineinander über. Schon bei dem gemalten Bild weiß man nicht recht, ob es nicht eigentlich der Phantasie oder der Glaubensvision des Klosterbruders entstammt.

„Den blauen Mantel fasst die Linke,
Die Rechte sieht man sanft erhoben,
Halb drohend, halb zum Gnadenwinke,
So kommt die Königinn von oben."

Doch hat Bruder Antonius unterhalb der schönen Maria auch den grausigen Kopf des Teufels gemalt. Dieses Bild erweist sich nun als äußerst real: Um sich für das gräuliche Bild zu rächen, verführt der Teufel unter der Maske einer „keuschen Jungfrau Laurentia" diesen zum Diebstahl der Silbergeräte des Klosters, und lässt ihn auflaufen.

„„Heihei!" – lacht der Teufel – ,so ist's Brauch!
Du maltest den Teufel, nun zahlt er auch!'

Flugs flog er auf und dem Kloster zu
Und rüttelt die Paters aus ihrer Ruh."

Nun erweist aber auch das gemalte Bild der Jungfrau Maria seine
Realität. Dem verzweifelten Klosterbruder spricht sie, freilich
schon im Abgang, nicht nur ihre Gnade zu, sondern verbannt
auch den Teufel in die nächste Ecke.

„Sei getrost, Antonio, ich bin voller Gnaden.
Der böse Feind soll dir nicht schaden.
Mein Bildniß in des Klosters Hallen
Sah ich mit gnädigem Wohlgefallen!"

Busch treibt also mit der Zuordnung von Bild und Abbildung ein raffiniertes Spiel, und wiederholt noch einmal die Kontroverse des Bilderstreites in der Kirche des 6. bis 9. Jahrhunderts, die auch die Reformation beschäftigt hat. Welche Rolle spielen die Bilder für den Glauben? Sind sie Gegenstand der Anbetung, oder nur der Verehrung, oder sind sie nur ein pädagogisches Werkzeug, dessen Qualität sich von daher bestimmt, in welchem Sinne sie gebraucht werden? Buschs Augenzwinkern ist nicht zu übersehen. Er wirft die Frage auf, aber er beantwortet sie nicht.

Jedenfalls ist Bruder Antonius ein Verwandelter und gegen alle Verführungen des Teufels gefeit. Einem hochnäsigen und fortschrittlichen Kollegen, der gerne mit einem „Dominus vobiscum" den schönen Damen an die Brust fasst und dessen Regenschirm später zum Blitzableiter wird, gönnt er nicht einen Blick.

> *„(Ach! das war auch so Einer von Denen!)*
> *Rechts und links begrüßt er die ländlichen Schönen,*
> *Faßt sie beim Kinn, anmuthig-milde,*
> *Schenkt ihnen gar schöne Heiligenbilde,*
> *Und macht auch wohl so hin und wieder*

> Dominus vobiscum! – *über das Mieder.*
> *Wie man denn meistens auf der Reis'*
> *Die Schönheit der Natur erst richtig zu würdigen weiß.*
> *Bruder Antonio aber dagegen,*
> *Dem nichts an irdischer Liebe gelegen,*

Trug einzig allein in Herz und Sinn
Die süße Himmelsköniginn."

Und als er dann sogar das Weinwunder Jesu auf der Hochzeit zu Kana wiederholt und den Bischof Rustius wegen dessen folgenreichen Seitensprungs in Verlegenheit bringt, gerät nun Antonius endgültig in den Ruf der Heiligkeit.

> *„Das Kloster mit seiner Kellerei*
> *Liegt nahe in großen Nöthen;*
> *Die Mönche erhuben ein groß Geschrei,*
> *Antonio hub an zu beten:*

> ,Ave Maria mundi spes!
> *Erhalte uns armen Mönchen –*
> *Du weißt es ja, wir brauchen es –*
> *Den Wein in unsern Tönnchen!'"*

Von Stund an erscheint der Klosterbruder Antonius in der Bildergeschichte Wilhelm Buschs in einem Heiligenschein. Das reizt natürlich den Versucher, und noch zweimal hat er sich seiner Anläufe zu erwehren. Die erste Geschichte verrät eine intime Kenntnis pfarramtlicher Praxis: Wie leicht ein Beichtgespräch, listig angefangen, in eine erotische Beziehung umschlagen kann. Die spielerische Wiederholung einer frevelhaften Annäherung, die die „schöne Monica" dem Pater beichten will, bringt diese peu à peu dem begehrten Opfer näher.

> *„ Und leise tändelnd, mit der Rechten,*
> *Berührt er meine losen Flechten.*
> *Zieht meine Hand an seine Lippen,*
> *Gar lieb und kosend dran zu nippen…*
> *Ach, bester Vater Antonio!*
> *So nippte er! Gerade so!!!*

> *Antonius sprach mit ernstem Ton:*
> *,Fahre fort, meine Tochter, ich höre schon!'"*

Aber selbst, als die Frau die Verstellung aufgibt und den Klosterbruder rüde ins Bett zu ziehen versucht, ist dieser nicht zu erreichen. Mit einem honorigen Abgang endet die Geschichte.

„Kehrt würdevoll sich um – und klapp! –

Die Thüre zu – geht er treppab.
Da sprach die schöne Monica,
Die dieses mit Erstaunen sah:
‚Ich kenne doch so manchen Frommen!
So Was ist mir nicht vorgekommen!!‘ "

Auch hier wieder hält Wilhelm Busch absolut sicher und gekonnt die Mittellage ein zwischen der Ironisierung und Geißelung des Missbrauchs der Frömmigkeit und ihrer Anerkennung überall dort, wo sie sich als solche bewährt. Die Hochachtung, die aus den Worten der Monica spricht, hat nach meinem Eindruck keinen schalen Beigeschmack, als habe sich der Pater Antonius etwas Schönes entgehen lassen. Wo Frömmigkeit gefordert ist, da ist Frömmigkeit angesagt, und die Tonlage, mit der Busch den Klosterbruder behandelt, ist in der Darstellung seiner Frömmigkeit spürbar verändert.

Bei der letzten Versuchung durch ein namenloses „schönes Mädchen" muss Antonius allerdings das Kreuz von der Wand zu Hilfe nehmen.

„Hm! hm! – – hm! hm!!!"

Da steckt dann allerdings wieder der Teufel höchstselbst dahinter, der durch den Kamin wieder in die Hölle fährt.

Kurioserweise löste gerade „Der heilige Antonius von Padua" an vielen Orten, besonders natürlich in katholischen Gegenden, einen Proteststurm der Entrüstung aus. Und der Verleger der Bildergeschichte wurde schon sofort nach dem Erscheinen des „Antonius", noch im Jahr 1870, in einen Prozess verwickelt, der von der Staatsanwaltschaft Offenburg im Großherzogtum Baden eröffnet worden war. Die Anklage lautete auf Verstoß gegen die einschlägigen Paragraphen des Strafgesetzbuches: „Durch die Presse verübte Herabwürdigung der Religion und Erregung öffentlichen Ärgernisses durch unzüchtige Schriften." Die ein Jahr später erfolgte öffentliche Verhandlung endete mit einem Freispruch, die Beschlagnahme der Druckschrift wurde bald darauf aufgehoben. Aber die Unterdrückung des Buches fand selbst in Preußen Unterstützung, und in Österreich war das Verbot des „Antonius" noch 1902 in Kraft.

Interessant ist die Stellungnahme Wilhelm Buschs, der seinen Verleger mit den notwendigen Argumenten zu unterstützen suchte. „In protestantischen Anschauungen aufgewachsen", schrieb er an Moritz Schauenburg am 12.8.1870, „mußte es mir sonderbar erscheinen, daß es im Ernste einen wirklichen Heiligen, einen Menschen ohne Sünde geben sollte. Aus dem Contraste dieser weitverbreiteten Anschauung mit dem Begriff eines richtigen Heiligen ging, unter Benutzung vorgefundener Legenden, die mehr oder weniger komische Lebensskizze hervor, wozu dann ein bestimmter Name als Repräsentant der Gattung nicht eben unpassend erschien. ... Das Heilige, welches allen christlichen Religionen gemeinsam, ist nirgends berührt und angetastet worden." (139) Dass der „Antonius" wie auch die anderen Bildergeschichten nicht von einem antireligiösen Affekt, sondern im Gegenteil von einem großen Respekt vor der Frömmigkeit gespeist sind, kann man nur unterstreichen. Die Ironie und die Persiflage soll, so verstehe ich Wilhelm Busch, die Religion und die Frömmigkeit nicht herabsetzen, sondern ihren Gebrauch klären und ihren Missbrauch in ihren zerstörerischen Elementen deutlich machen. An der Wichtigkeit dieser Aufgabe einer Religionskritik, hier mit den Mitteln des Humors und der Ironie, hat sich bis heute nur im globalisierten Aspekt dieser Sache etwas geändert.

„Der hl. Antonius von Padua" schließt mit zwei Episoden, deren Bilder in ihrer Prägnanz und Eindringlichkeit unvergesslich sind. Das eine ist der Eremit Antonius, und die Naturverbundenheit des Wilhelm Busch, seine eindringlichen Schilderungen der Natur im Wandel der Jahreszeiten bekommen mit den selbstvergessenen Zügen des „Heiligen" noch einmal ein eigenes Gesicht. Geradezu einen Mystiker sieht man hier, in das Gebet versunken, und nichts und niemand kann ihn stören. Eine Gestalt der Sehnsucht, der Einheit von Mensch und Natur?

„Und ihm zuletzt das wilde Kraut
Aus Nase und aus Ohren schaut.

Er sprach: ‚Von hier will ich nicht weichen,
Es käme mir denn ein glaubhaft Zeichen!'"

Die Ameisen, diese unausstehlichen Störer der menschlichen
Ruhe, können ihm nichts anhaben. Die Vögel nisten in seiner Ka-
puze, ein Pärchen schnäbelt sich auf dem Heiligenschein. Mensch
und Natur, Natur und Glaube gehen geradezu eine Symbiose
sein. Nur ein Zeh, der regt sich immer noch.

Schließlich, die berühmte Sache mit dem Schwein.

„Und siehe da! – Aus Waldes Mitten
Ein Wildschwein kommt daher geschritten,
Das wühlet emsig an der Stelle
Ein Brünnlein auf gar rein und helle,

Und wühlt mit Schnauben und mit Schnüffeln
Dazu hervor ein Häuflein Trüffeln. –
Der heilige Antonius, voll Preis und Dank,
Setzte sich nieder, aß und trank
Und sprach gerührt: ‚Du gutes Schwein,

Du sollst nun ewig bei mir sein!'"

Wilhelm Busch kann in seinem oben erwähnten Verteidigungsbrief zu Recht darauf hinweisen, dass der hl. Antonius „als Beschützer der Haustiere hier und da verehrt" wird, und dass viele der Heiligengestalten an dem dargestellten Tier erkennbar werden. Das beginnt schon mit den Evangelisten (und deren Symbole sind aus der Offenbarung des Johannes, Kapitel 4, mit den vier himmlischen Gestalten auf die Evangelien übertragen): Markus mit dem Löwen, Lukas mit dem Stier, Johannes mit dem Adler. Man stelle nur einmal in Auswahl zusammen, wie viele Heiligengestalten an ihren Tierattributen erkennbar werden: Hieronymus mit dem Löwen, Franz von Assisi mit den Vögeln, Aegidius mit dem Reh, der Johannesknabe mit dem Lamm, Jona mit dem Walfisch, Hubertus mit dem Hirsch.

Als Vision des endgültigen Friedensreiches nach Jesaja 11 wird diese Zusammengehörigkeit von Mensch und Tier weithin in der Geschichte der Kirche interpretiert. Warum dann aber nicht auch: Antonius mit einem Schwein.

> *„So lebten die zwei in Einigkeit*
> *Hienieden auf Erden noch lange Zeit,*
> *Und starben endlich und starben zugleich*

> *Und fuhren zusammen vor's Himmelreich. –*
> *‚Au weih geschrien! Ein Schwein, ein Schwein!'*
> *So huben die Juden an zu schrein;*
> *Und auch die Türken kamen in Schaaren*
> *Und wollten sich gegen das Schwein verwahren. –"*

Natürlich ist das alles nicht ohne Hintersinn und ohne Spitzen. Naive Darstellungen der Himmelfahrt Christi habe ich vor Augen, bei denen man gerade noch die Beine und die Füße sieht, alles andere ist schon von einer Wolke eingehüllt. Von der Himmelfahrt der Maria mag es ähnliche und ähnlich naive Darstellungen geben. Das ist doch klar: Buschs Himmelfahrtsbilder richten ihre Spitze gegen die gegenständliche Darstellung des Unsichtbaren, die die Frömmigkeit angeblich immer wieder nötig zu haben vorgibt. Mit den Mitteln der Ironie betreibt Wilhelm Busch die heute so genannte „Entmythologisierung". Da muss man doch einfach lachen, wenn man den Antonius zusammen mit einem Schwein in den Himmel fahren sieht! Das ist doch aber keine Widerlegung der christlichen Hoffnung, dass in Gottes Friedensreich Mensch und Natur unlösbar zusammengehören werden und dass Gott alles in allem sein wird.

Deshalb sind auch solche Spekulationen einfach grotesk, Busch habe die Vorstellung eines Himmels der Toleranz gehabt, in dem auch die Juden und die Muslime ihren Ort haben. Sonst könnten sie doch nicht gegen die Himmelfahrt des Schweins Einspruch einlegen. (140) Busch führt einfach nur alle Argumente, die dagegen sprechen könnten, zusammen, um sie mit einem himmlischen Machtwort zu widerlegen. Und da ist sie wieder, die schöne Maria, die Schleppe hält sie diesmal selbst.

> *„Doch siehe! – Aus des Himmels Thor*
> *Tritt unsere liebe Frau hervor.*

Den blauen Mantel hält die Linke,
Die Rechte sieht man sanft erhoben
Halb drohend, halb zum Gnadenwinke;
So steht sie da, von Glanz umwoben.
Willkommen! Gehet ein in Frieden!"

Antonius duckt geradezu das Schwein, um es in die richtige Demutshaltung zu bringen. Niederknien, das muss eben auch ein Schwein erst lernen. Der Protestant Busch wird sich gedacht haben, wie ungeschickt er sich selbst dabei wohl anstellen würde, und er hat sicher auch nur ein einziges Mal in seinem Leben, als Fünfzehnjähriger bei seiner Konfirmation in Lüthorst, vor dem Altar gekniet.

„Hier wird kein Freund vom Freund geschieden.
Es kommt so manches Schaf herein,
Warum nicht auch ein braves Schwein!

Da grunzte das Schwein, die Englein sagen.
So sind sie Beide hinein gegangen."

Die Himmlische ist gnädiger, als es die Menschen sind. Dem Schwein sind sogar Engelsflügel gewachsen, als die beiden eng zusammen durch das romanische Eingangstor zum Himmel rauschen. Dass ihm oder vielmehr seinem Verleger wegen einer Aufnahme in den Himmel auf der Erde der Prozess gemacht werden würde, das hätte Wilhelm Busch wohl, als er diese Bilder zeichnete und diese Verse schrieb, selbst im Traum niemals gedacht.

„Der hl. Antonius von Padua" ist für mich geradezu ein theologisches Lehrstück. Wie man „Heiligkeit" zugleich in Frage stellen und in Geltung setzen kann, lerne ich daraus. Wie man Glaubensvorstellungen durch Ironie entmythologisieren, und d.h., auf ihren zentralen Sinn zurückführen kann, ist an dieser Bildergeschichte zu buchstabieren. Sie ist so ganz anders als viele andere Geschichten Buschs, vom „Triumph des Bösen" ist da keine Spur. Aber die Verletzlichkeit des Autors ist fast noch deutlicher zu spüren. Wie Frömmigkeit missbraucht werden kann, ist gerade in der leisen Annäherung bei einer Beichte zu erkennen, und der perfide Doppelsinn tut weh. Wie die Menschen mit den Tieren umgehen, darunter scheint Busch immer besonders gelitten zu haben. Das Schlachten der Schweine, das er zu Hause als Kind erlebt hat, kommt auch in seinen Briefen vor. „Ich las mit besonderem Vergnügen Ihre Anmerkungen über das Mitleid gegen die Tiere", schreibt Busch an Maria Anderson. „Die Grausamkeit soll sich wenigstens schämen, wie – die Liebe." (141) Dass sich auch die Liebe schämt, ist sicher die äußerste Zuspitzung der Scham und der Verletzlichkeit. So kann man eben vielleicht nur in der Groteske von der Liebe reden und sie ausdrücken. Eben: Dass ein Mensch zusammen mit einem Schwein von der Liebe aufgenommen wird.

„Du siehst die Weste, nicht das Herz"

Die religiöse Dimension im Leben und Werk von Wilhelm Busch ist ein weites Feld. Viele der bisherigen Urteile darüber erscheinen mir falsch oder zumindest schief, und das betrifft nicht nur die Denunziation der protestantischen Anthropologie als „Erziehung zum Schuldbewusstsein". Selbst vorsichtigere Charakterisierungen greifen oft zu kurz. Dazu gehört die Meinung von Ulrich Mihr, dass Busch in der „Frommen Helene" zwischen Katholizismus und Protestantismus hin- und herpendele, Helene und Franz „sündigen in beiden Konfessionen" (142). Dazu gehört dann aber auch das Urteil von Hans Ries über die „Fromme Helene", der seinen Kommentar mit der Bemerkung versieht, dass, wiewohl die „Helene" im katholischen Bereich angesiedelt ist, dort eben „ein protestantischer Puritaner" am Werke sei, für den es keine Nachsicht mit der Sünde, keine Beichte oder eine andere menschliche Großzügigkeit gäbe. Helene als Katholikin fällt dem Protestanten Busch „gleichsam zum Opfer". (143)

Das alles hat, wie ich in diesem Buch zu zeigen versuchte, andere und hintergründigere Bezüge. Mit Sicherheit wird man gerade nicht in dieser Frage den Versuch machen sollen, Person und Werk Wilhelm Buschs in einen einheitlichen, positiv oder negativ geprägten, religiösen Kontext stellen zu wollen. Auch die eigenen Interpretationen müssen unter dem Vorbehalt gesehen werden, dass eine andere Biographie dem fremden Betrachter immer ein Stück unzugänglich bleibt, und das Lebenswerk Buschs die Auslegungsversuche aller Interpreten spielend überdauern wird. Er selbst hat es in dem Widmungsgedicht zu „Schein und Sein" – in unnachahmlicher Treffsicherheit – so ausgedrückt:

> *„Mein Kind, es sind allhier die Dinge,*
> *Gleichviel, ob große, ob geringe,*
> *Im wesentlichen so verpackt,*
> *Daß man sie nicht wie Nüsse knackt.*

Wie wolltest du dich unterwinden,
Kurzweg die Menschen zu ergründen.
Du kennst sie nur von außenwärts.
Du siehst die Weste, nicht das Herz." (144)

Wilhelm Busch hat sich, völlig selbstverständlich, immer als Protestant verstanden und gesehen. Was immer das auch, in seinem Sinne, heißen mag. Wenn der Schwager aus Wiedensahl auf Reisen war, hat er sich – natürlich leicht lächelnd - ungeniert als „Pfarrverweser" beschrieben. „Die letzten drei Wochen, schreibt er 1874 an Johanne Keßler, die mein Schwager und meine Schwester mit den Kindern im Harze zugebracht, hatte ich die Zügel des geistlichen Regiments allein in Händen." (145) Erstaunlich oft hat er Sujets aus dem katholischen Bereich aufgegriffen. Gerade, wenn es um das Pfarrerbild ging, hat er es getan. Ich vermutete, dass Familienrücksichten bei der Vermeidung, die protestantischen Pastoren kritisch unter die Lupe zu nehmen, die entscheidende Rolle gespielt haben. Wenn es anonym bleiben konnte, wird es vielleicht anders gewesen sein. (146)

So gravierend Wilhelm Busch die theologischen Unterschiede zwischen Protestantismus und Katholizismus wertete und so sehr er den politischen Katholizismus vom Grund seines protestantischen Herzens aus verabscheute: Im Pastorenbild und in der Frage der Frömmigkeit waren es dann doch wohl nur Grade der Verschiedenheit. Im Bild des „Pfaffen", in der leidenschaftlichen Kritik und in der versteckten Hochachtung davor, ist also immer das Bild des protestantischen Pfarrers und des protestantischen Glaubens mitzudenken. Die Frömmigkeit ist eben unteilbar, und sie ist entweder geheuchelt und machthaberisch und hinterlistig, oder sie ist echt. Von Ambivalenzen ist Buschs Haltung zur Religion von vorne bis hinten durchzogen. Nähe und Distanz, Attraktion und Kritik, Sehnsucht und Abneigung halten sich oft genug die Waage, wie das bei Ambivalenzen eben so ist. Das Leben eines Pfaffen, das Busch in seiner „Kritik des Herzens" zeichnet, hätte er vielleicht selbst gerne geführt. Aber seine Verletzlichkeit, sein Wissen um die Abgründe des Bösen haben es wohl verhindert.

„Wie schad, daß ich kein Pfaffe bin.
Das wäre so mein Fach.
Ich bummelte durchs Leben hin
Und dächt nicht weiter nach.

Mich plagte nicht des Grübelns Qual,
Der dumme Seelenzwist,
Ich wüßte ein für allemal,
Was an der Sache ist.

Und weil mich dann kein Teufel stört,
So schlief' ich recht gesund,
Wär' wohlgenährt und hochverehrt
Und würde kugelrund.

Käm dann die böse Fastenzeit,
So wär' ich fest dabei,
Bis ich mich elend abkasteit
Mit Lachs und Hühnerei.

Und dich, du süßes Mägdelein,
Das gern zur Beichte geht,
Dich nähm' ich dann so ganz allein
Gehörig ins Gebet." (147)

Eben: Es gibt kein einheitliches Bild. Wilhelm Busch – ein Mensch in seinem Widerspruch. Gerade so lieben und verehren ihn viele, und dies noch immer, einhundert Jahre, nachdem er gestorben ist.

Anmerkungen

(1) Wilhelm Busch: Die Bildergeschichten. Historisch-kritische Gesamtausgabe. Bearbeitet von Hans Ries. Bd. I-III, Schlütersche Hannover 2002. Hier: II, 344ff. Alle Erwähnungen von Buschs Bildergeschichten setzten diese Ausgabe und die vorzüglichen Kommentare von Ries voraus.

(2) Wilhelm Busch: Sämtliche Briefe. Kommentierte Ausgabe in zwei Bänden. Hrsg: Wilhelm-Busch-Gesellschaft, Schlütersche Hannover. 1982. II, S. 191ff

(3) Busch, Sämtliche Briefe, a.a.O., II, S. 186

(4) Gerhard Uhlhorn: Gnade und Wahrheit. Predigten über alle Episteln und Evangelien des Kirchenjahres. Bd. I und II, Verlag D. Gundert, Stuttgart, 1888. Hier: I, S. 461ff

(5) Ebd. I, S. 526ff

(6) Sämtliche Briefe, a.a.O., II, S. 244

(7) Kommentar Ries zu dieser Stelle, a.a.O., II, S. 376

(8) Aus der Bildergeschichte „Julchen", a.a.O., II, S. 775

(9) Der heilige Antonius von Padua, a.a.O., II, S. 78

(10) Im Kommentar von Ries zur „Frommen Helene", a.a.O., II, S. 1130

(11) Johann Wolfgang von Goethe: Faust. Erster Teil. In: Marthens Garten

(12) Brief vom 24.10.1899 aus Mechtshausen, in „Sämtliche Briefe" II. a.a.O., S.15

(13) Im Kommentar von Ries zur „Frommen Helene", a.a.O., II, S. 1129

(14) W.B., Sämtliche Briefe, a.a.O., I, S. 277

(15) Ebd. I. S. 278

(16) Ebd. I, S. 370

(17) Im Brief an Adolf, ebd.

(18) Ebd. I, S. 366

(19) Ebd. I, S. 324

(20) Ebd. I, S. 142

(21) Ebd.

(22) Aus W.B., „Abenteuer eines Junggesellen", in „Die Bildergeschichten", a.a.O., II, S. 621

(23) Ebd. II, S. 533

(24) Gert Ueding, Wilhelm Busch. Das 19. Jahrhundert en miniature. Insel Verlag Frankfurt a.M. 2007, S. 30

(25) Ebd. S. 27

(26) Ebd. S. 40

(27) Wilhelm Busch: Sämtliche Werke in zwei Bänden. Herausgegeben von Rolf Hochhuth. C. Bertelsmann Verlag 1982. Hier Bd. I., S. 819

(28) G. Ueding, a.a.O., S. 93

(29) Ebd. S. 162

(30) Ebd. S. 217

(31) Ebd. S. 188

(32) Ebd. S. 208

(33) Ebd. S. 188

(34) Ebd. S. 308

(35) Ebd. S. 272

(36) Wilhelm Busch, Die Bildergeschichten, Hist.-kritische Ausgabe II, S. 224ff. Siehe dort auch die Kommentare von Hans Ries.

(37) A.a.O., I, S. 61, Im „Antonius", II, S. 70

(38) Aus „Dideldum", a.a.O., II, S. 531

(39) Aus „Der Geburtstag", a.a.O., II, S. 524

(40) Vgl. den Artikel „Frömmigkeit" im Lexikon „Religion in Geschichte und Gegenwart", 4. Aufl. Band 3. Mohr Tübingen 2000. S. 387ff

(41) Vgl. den Artikel „Frömmigkeit" in „Theologische Realenzyklopädie" Bd. XI, Walter de Gruyter Berlin/New York 1983, S. 671ff

(42) Ebd. S. 676

(43) Ebd. S. 676f

(44) Die Paragraphen 9-15 in Schleiermachers „Glaubenslehre", hier zitiert aus den „Theologischen Schriften" Schleiermachers in der Ausgabe des Union Verlags Berlin 1983

(45) In „Sämtliche Briefe, a.a.O., I, S. 77

(46) Adolf von Harleß: Christliche Ethik. 1864. Siehe auch Artikel „Frömmigkeit" in „Religion in Geschichte und Gegenwart", a.a.O., S. 392

(47) Historisch-kritische Ausgabe, a.a.O., II, S. 229

(48) Ebd. S. 262ff

(49) Ebd. S. 298

(50) Ebd. S. 306

(51) Ebd. S. 320

(52) Ebd. S. 323

(53) Ebd. S. 327

(54) Ebd. 327

(55) Ebd. S. 331ff

(56) Brief vom 23. Juni 1875, in W.B., Sämtliche Briefe, a.a.O., I, S. 146. Vier Jahre vorher, im Sommer 1871, hat Busch in Wiedensahl seine „Fromme Helene" geschrieben.

(57) „Trauriges Resultat einer vernachlässigten Erziehung". In: Historisch-kritische Ausgabe, a.a.O., I, S. 61

(58) Kommentar zu „Der Bauer und der Windmüller", a.a.O., I, S. 82

(59) Ebd. I, S. 331

(60) Ebd. I, S. 132ff

(61) Ebd. I, S. 162ff und 235ff

(62) A.a.O., II, S. 230

(63) A.a.O., III, S. 81.

(64) Ebd. S. 165ff

(65) Ebd. II, S. 237

(66) Arthur Schopenhauer: Die Welt als Wille und Vorstelung. Zürcher Ausgabe, Zürich 1977, Bd. II, 2, S. 671

(67) Ebd., Bd. I, 2, S. 438

(68) Ebd.

(69) Wilhelm Busch, Sämtliche Briefe, a.a.O., I, S. 144

(70) W.B., Hist.-kritische Ausgabe, a.a.O., II, S. 258

(71) Ebd. S. 323ff

(72) Ebd. S. 41 und 343

(73) Das Folgende in der „Frommen Helene", a.a.O. II, S. 333-337

(74) Offenbarung Johannes 12, 7-9

(75) Historisch-kritische Werke, a.a.O., III, S. 402

(76) Ebd. S. 339

(77) Ebd. S. 331

(78) Ebd. I. S. 1301ff

(79) Ulrich Mihr: Wilhelm Busch: Der Protestant, der trotzdem lacht. Gunter Narr Verlag, Tübingen, 1983, S. 24

(80) Ebd.

(81) Vgl. auch: Susan Neiman: Das Böse denken. Eine andere Geschichte der Philosophie. Suhrkamp Verlag Frankfurt am Main 2004, S. 378ff

(82) Peter L. Berger: Auf den Spuren der Engel. Die moderne Gesellschaft und die Wiederentdeckung der Transzendenz. S. Fischer Verlag Frankfurt am Main 1972

(83) Ebd. S. 80 ff

(84) Ebd. S. 86ff

(85) Ebd. S. 90ff

(86) Ebd. S. 100ff

(87) Ebd. S. 95ff

(88) Ebd. S. 96

(89) Ebd. S. 98

(90) Ebd. S. 100

(91) Armin Peter Faust: lkonographische Studien zur Graphik Wilhelm Buschs. LIT-Verlag Münster 1993, S. 266

(92) Hanns Cremer: Die Bildergeschichten Wilhelm Buschs. Nolte Verlag Düsseldorf 1937, S. 52

(93) W.B., Historisch-kritische Ausgabe, a.a.O., I, S. 1304

(94) Gert Ueding, a.a.O., S. 30

(95) Martin Luther, hier zitiert nach der Münchener Ausgabe der „Ausgewählten Werke" (1938) Band II, S. 319

(96) Eberhard Jüngel: Zur Freiheit eines Christenmenschen. Eine Erinnerung an Luthers Schrift. Chr. Kaiser Verlag München, 1981, S. 111

(97) M. Luther, a.a.O., S. 340

(98) Zitat aus Hans-Walter Krumwiede, Kirchengeschichte Niedersachsens, Vandenhoeck und Ruprecht Göttingen, 1995, Band II. S. 369

(99) Hans-Walter Krumwiede, a.a.O., S. 388

(100) Vgl. dazu die Ausführungen von Klaus Winkler in seinem grundlegenden, die Freudsche Psychoanalyse einbeziehenden Werk „Seelsorge", Walter de Gruyter Verlag Berlin-New York, 2000, S. 282ff

(101) Wilhelm Busch: Sämtliche Werke, a.a.O., II, S. 9

(102) Herbert Günther: Der Versteckspieler. Die Lebensgeschichte Wilhelm Buschs, Weinheim 2002, S. 24

(103) Martin Tschechne/Toma Babovic: Auf den Spuren von Wilhelm Busch. In: „Kulturlandschaft Schaumburg", Band 9, Hamburg 2005, S. 9 und 11

(104) Joseph Kraus: Wilhelm Busch. rororo bildmonographie 50163, Rowohlt Taschenbuch Verlag Reinbek bei Hamburg, 16. Auflage 2004, S. 9

(105) Ernst Kampermann, Urgroßenkel von Wilhelms Buschs Bruder Adolf und ehemaliger Vizepräsident des Landeskirchenamtes in Hannover, danke ich herzlich für die eingehenden Gespräche zur Familienatmosphäre in der Busch-Familie. Seine bisher ungedruckte Arbeit „Es könnte anders gewesen sein. Wilhelm Busch aus dem Blickwinkel seines Elternhauses" sowie die vielen Materialien aus der großen Busch-Familie haben mir entscheidend weitergeholfen.

(106) Karl Wiechert: Das Loccumer Rezeptbuch – Buschs Eltern in neuer Sicht. In: Jahrbuch der Wilhelm-Busch-Gesellschaft 1955, S. 30-45. Das Original befindet sich im Besitz von Renate Wilkening, einer Urgroßnichte Wilhelm Buschs, in Wiedensahl.

(107) Brief von Henriette Busch an den Sohn Adolf, o.J., wahrscheinlich aus der Zeit, als Adolf im Geschäft von Ferdinand Meyer in Braunschweig tätig war. Die Originale der Briefe von Henriette Busch befinden sich im Besitz von Christa-Lotte Beneke; Abschriften bei Ernst Kampermann.

(108) Siehe auch: Gerard Oppermann: Wilhelm Busch und Wiedensahl. Sonderdruck aus: H.-H. Wintgens/G. Oppermann (Hrsg.), Literarische Orte – Orte der Literaten. Universitätsverlag Hildesheim 2005, S. 98

(109) A.a.O., S. 39

(110) Man wird es nachempfinden können, dass der Autor dieses Buches wie elektrisiert war, als er bei einem Besuch im Dezember 2007 im Geburtshaus von Wilhelm Busch in Wiedensahl einen Auszug aus dem Taufregister der Kirche entdeckte, aus dem hervorgeht, dass einer der drei Paten Wilhelm Buschs der „Hauß- und Wundarzt Danowsky" war. Und dass, wie eine Eintragung Vater Buschs in seinem „Rezeptbuch" näher erläutert, der am 15. April 1832 „morgens 1/4 nach 6 Uhr geborene" älteste Sohn am 16. Mai bei der Taufe den Vornamen Heinrich von seinem Onkel Heinrich Kleine, den zweiten Vornamen Christian von Färbermeister Christian Meywerk, seinen Rufnamen Wilhelm aber von „meinem Namensvetter" Wilhelm Danowsky erhalten hat. Das Auftauchen eines Danowsky in der ersten Hälfte des 19. Jahrhunderts in Wiedensahl ist umso erstaunlicher, als – wie der polnische Anklang des Namens schon verrät – die Dannowskis überwiegend aus dem Osten, in meinem Falle aus Ostpreußen stammen. Da der „Hauß- und Wundarzt Danowsky" im Rezeptbuch von Vater Busch als „Chirurgus" bezeichnet wird, hat Ernst Kampermann vermutet, dass es sich bei ihm um einen aus der Mindener Garnison stammenden Militärarzt gehandelt hat. Der – wie es bei Militärs üblich ist – viel in der Welt herumgekommen ist und aus dem Osten stammte. Dass Wiedensahl seine Ärzte häufiger aus Minden bezog, belegt eine Episode, die die Schwägerin von Wil-

helm Busch – Johanne Busch, die Frau von Adolf Busch – in ihrem Tagebuch schildert. Die sich 60 Jahre später zugetragen hat und wochenlang Gesprächsgegenstand in Wiedensahl gewesen ist. „Mit der Meldung, daß der Doktor todt, wurden wir geweckt, und wir bedauerten, daß er so plötzlich dahingerafft sei, sicher durch Schlag." Später sickert durch, dass der Arzt, der vermutlich Pillmann hieß, sich das Leben genommen hat. Er soll an Verfolgungswahn gelitten haben und schon einmal, mit Gift, versucht haben, sich umzubringen. „Es ist schon ein neuer Arzt engagiert. Heute sind die Sachen nach Minden abgegangen." (Eintragung vom 12. Mai 1893). Offenbar stammte der Arzt aus der Mindener Garnison. In dem Tagebuch der Johanne Busch ist immer, wenn von Minden die Rede ist, die Garnison im Spiel.

Ich habe, trotz Nachfragen in Wiedensahl und Suche in der mir verfügbaren Literatur, außer diesen beiden Notizen anlässlich der Taufe von Wilhelm Busch nicht das Geringste über Wilhelm Danowsky ausfindig machen können. Für weitere Hinweise wäre der Autor dankbar.

Der Pastor, der Wilhelm Busch taufte, wurde von einem seiner Amtsnachfolger zu den „alten Rationalisten" gerechnet, der die Wunder Jesu gerne „ins Natürliche zog". „Doch konnte (die Gemeinde) dem selbstlosen, liebevollen Manne, der vor allem ein Kinderfreund war, nichts übelnehmen" (Albert Hahn, Pastor in Wiedensahl: Geschichte des im Stiftsbezirke Lokkum gelegenen Fleckens Wiedensahl. Ein deutsches Dorfbild aus der Väter Tagen. Buchdruckerei des Stephansstifts Hannover, 1898, S. 80). Diedrich Georg Eberhard Krop war 35 Jahre lang Pfarrer in Wiedensahl (1806-1841) und blieb unverheiratet, seine Schwester führte ihm den Haushalt. Die Existenz von Junggesellen war also damals doch nicht so ungewöhnlich, wie es viele Busch-Biographen ihre Leser glauben machen wollen. Krops Nachfolger in Wiedensahl war dann schon Buschs späterer Schwager und Hauswirt, Hermann Nöldeke, der von seinem Kollegen als ein „treuer und ernster Mann" beschrieben wird. Seine „mahnenden Worte" seien bis heute in Wiedensahl nicht vergessen. Wilhelm Busch konnte zeit seines Lebens weder mit den Rationalisten noch mit den Orthodoxen unter den Pfarrern etwas anfangen; aber mit seinem Schwager verstand er sich offenbar ausgezeichnet.

Dennoch berührt es eigenartig, wie emotionslos Wilhelm Busch den Tod seines Schwagers kommentiert. „Meinen Schwager haben wir vor acht Tagen begraben", schreibt Busch am 7. September 1878 an seinen Malerkollegen Franz von Lenbach nach München. „Da kommen nun allerlei kleine wunderliche Sorgen, die sich mit Hartnäckigkeit in's Gehirn bohren und das übrige Denken vernichten, wie etwa gelinde Zahnschmerzen. Ich hoffe sie aber in den nächsten vierzehn Tagen herauszuoperieren" (W.B., Sämtliche Briefe, a.a.O., I, S. 188). Mit den Zahnschmerzen meint Busch wohl die Sorgen, wie es mit der Wohnung im Pfarrhaus weitergehen wird, da der nächste Pfarrer natürlich das Pfarrhaus beanspruchen würde. Wilhelm Busch zieht dann mit seiner Schwester Fanny in das Pfarrwitwenhaus.

(111) W. B., „Von mir über mich", in: Sämtliche Werke, a.a.O, II, S. 9

(112) Karl Wiechert, a.a.O., S.44f

(113) Satire 2007, S. 35-42, dieses Zitat S. 38

(114) A.a.O., S. 36

(115) Sämtliche Briefe, a.a.O., I, S. 1

(116) Siehe den ungedruckten Aufsatz von Ernst Kampermann, a.a.O.

(117) „Von mir über mich", Sämtliche Werke a.a.O., II, S. 9

(118) Siehe Anmerkung 107

(119) Ebd.

(120) Das Tagebuch befindet sich im Besitz von Ernst Kampermann in Hannover.

(121) Auch die Episode vom Nichterkennen des lange abwesenden Sohnes durch die Mutter, die ja nicht Wilhelm Busch selbst niedergeschrieben hat – was manche Autoren suggerieren –, sondern die Busch seinen Neffen berichtet haben soll und die Otto Nöldeke überliefert (Wilhelm Busch: Sämtliche Werke. Hrsg. von Otto Nöldeke, 1943. Band VII, S. 249), löst denkbare andere Erklärungen aus. Hat sie sich wirklich so zugetragen? Wie kommt der Junge so plötzlich nach Wiedensahl, ohne dass man davon weiß und ohne dass er erwartet wird? Vielleicht hat Wilhelm Busch auch, so vermutet E. Kampermann (a.a.O.), – in vorweggenommener Ebergötzer Max-und-Moritz-Manier – seiner Mutter einen Streich spielen wollen. „So habe ich mich verändert!" Man wird es nicht mehr herausbekommen, was sich damals ereignet hat, aber bestimmten Erklärungsrastern gegenüber bin ich sehr misstrauisch geworden.

(122) Siehe den Aufsatz „Die Transzendenz und das Übel", in: Emmanuel Lévinas „Wenn Gott ins Denken einfällt". Verlag Karl Alber Freiburg/München 2004, S. 182

(123) Ebd., S.183

(124) Ebd., S. 185

(125) Ebd., S. 183

(126) Ebd., S. 189

(127) Ebd., S.116

(128) Wilhelm Busch- Sämtliche Werke, a.a.O., II, S. 593

(129) Georg Seeßlen: Klassiker der Filmkomik. Rowohlt Taschenbuch Verlag Reinbek bei Hamburg, 1982, S, 16

(130) Wilhelm Busch: Sämtliche Werke, a.a.O., II, S. 737

(131) Wilhelm Busch: Historisch-kritische Gesamtausgabe, a.a.O., II, S. 416ff

(132) Ebd., S. 442ff

(133) Wilhelm Busch, Sämtliche Werke, a.a.O., II, S. 1022

(134) Ebd., S. 68ff

(135) Ebd., S. 68

(136) So Hans Ries, Hist.-kritische Gesamtausgabe, a.a.O.,II, S. 87

(137) Im Brief an Maria Anderson vom 7. Juli 1871, also kurz nachdem „Der hl. Antonius" erschienen war: „Hier (nämlich bei den Bienen) findet Parthenogenesis statt. Ich hoffe, Madam, Sie werden daraus auch ohne mich eine hübsche Nutzanwendung machen in Bezug auf die Würde der Frauen im allgemeinen und die unbefleckte Empfängnis in's besondere" (Sämtliche Briefe, a.a.O., I, S. 149). In einem Briefwechsel, der sich allmählich schon zu einem Liebesbriefwechsel per distance ausgewachsen hat, ist das schon eine sehr doppelsinnige Bemerkung.

(138) Brief vom 24. Januar 1904, in Sämtliche Briefe, a.a.O., II, S. 218

(139) Sämtliche Briefe, a.a.O., I, S. 56f. Busch zieht zwei verschiedene Antonius-Gestalten zu einer zusammen: Den Eremiten Antonius (251-354), zu dessen Attributen das Schwein gehört, und den Volksheiligen Antonius von Padua (1195-1231).

(140) Wilhelm Busch: Hist.-kritische Gesamtausgabe, a.a.O., II, S. 137

(141) Wilhelm Busch: Sämtliche Briefe, a.a.O., I, S. 136

(142) Ulrich Mihr, a.a.O., S. 59

(143) Wilhelm Busch: Hist,-kritische Gesamtausgabe, a.a.O., S. 1134

(144) Wilhelm Busch: Sämtliche Werke, a.a.O., II, S. 736

(145) Wilhelm Busch: Sämtliche Briefe, a.a.O., II, S. 216

(146) Warum ist eigentlich, jedenfalls so weit ich das überblicken kann, bisher niemand auf den Gedanken gekommen, die Verse, die Pastor Albert Hahn in seiner Schrift über den „Flecken Wiedensahl" als „Volkspoesie" bezeichnet, könnten wenigstens teilweise – von Wilhelm Busch stammen? Wer könnte sonst in Wiedensahl solche Verse produziert haben?

Zur Sachlage: Nach dem Tod von Hermann Nöldeke trat in Wiedensahl eine halbjährige Vakanz im Pfarramt ein. In der Zwischenzeit versah ein Hospes des Predigerseminars Loccum mit Namen Rabe den Pfarrdienst, der im Dorf offenbar äußerst beliebt war und den man sich als Nachfolger von Nöldeke wünschte. Das Kloster als Stiftsherr überging ihn aber und setzte einen Ludwig Redepenning als Pastor in Wiedensahl ein. Die Proteste der Gemeinde gingen sogar noch eine Weile weiter und wurden schließlich noch vor den Kaiser gebracht.

Redepennings Nachfolger Albert Hahn überliefert die anonymen Verse, die sich eines Tages „an einem Pfarrgebäude" angeschrieben fanden:

„Den Raben, den Raben
Den woll'n wir haben.
Er ist am Alter noch ein Knabe,
Doch in der Rede schon ein Mann;
Drum thue jeder, was er kann,
Daß zu uns komm' der Rabe."

Die Gegendarstellung ließ nicht lange auf sich warten.

„Abt, Prior und Convent der spricht:
Ihr lieben Leut, das geht ja nicht.
Der Rabe ist ein guter Mann,
Zur Pfarr' er sich nicht melden kann,

Weil er ist nur ein Knabe
Der Rabe, der Rabe.
Den Redepenning woll'n wir nun
Euch zu geben jetzt geruhn.
Der ist ja auch ein guter Mann,
Der euch viel Gutes pred'gen kann."

Ein wenig holprig sind diese Verse einer „Volkspoesie" schon. Aber die Gegenrede ist dann wieder recht kämpferisch.

Ach guter Herr Rabe
Du bist ja noch ein Knabe
Wie einst auch David war.

Und doch sind deine Lehren
Für uns nicht zu entbehren,
Weil wir mit Riesen kämpfen,
Die unseren Glauben dämpfen.
Ach Leute, doch aufgepaßt,
Die Sache nur recht angefaßt,
Denn sind wir hier belogen,
Dann sind wir dort betrogen." (Albert Hahn, a.a.O., S. 80f)

Wilhelm Busch hat an einer späteren Vakanz in Wiedensahl lebhaften Anteil genommen und dem Stiftsherrn, wie bereits dargelegt, in der Verzögerung der Besetzung kirchenpolitische Machenschaften unterstellt. Dem Geist nach könnten diese Verse zumindest von Busch inspiriert sein. Andererseits wird Wilhelm Busch in diesen Monaten dann doch mit dem Tod des Schwagers und dem dadurch notwendigen Umzug in das Pfarrwitwenhaus erheblich beschäftigt gewesen sein.

Übrigens erwähnt Pastor Albert Hahn in seiner Schrift den berühmtesten Bürger Wiedensahls, Wilhelm Busch, der im Erscheinungsjahr des Buches 1898 ja noch bis zum Oktober in Wiedensahl lebte, nicht mit einem Wort. Sich selbst führt er, in der Reihe der Pastoren des Ortes, durchaus mit einer Kurzvita vor. Die Nachwelt wertet die geschichtlichen Bedeutungen eben doch etwas anders, als es die Zeitgenossen tun.

(147) Wilhelm Busch: Sämtliche Werke, a.a.O., I, S. 829

Zeittafel

1832	Am 15. April wird Heinrich Christian Wilhelm Busch in Wiedensahl geboren.
1841	Wilhelm Busch wird seinem Onkel, Pastor Georg Kleine, in Ebergötzen zur weiteren Erziehung übergeben.
1846	Übersiedlung mit Onkel Georg Kleine nach Lüthorst
1847	Im Herbst geht Wilhelm Busch nach Hannover an die Polytechnische Schule.
1851	Verlässt eigenmächtig die Polytechnische Schule, um Maler zu werden. Ausbildung in Düsseldorf
1852	Antwerpen
1853	Schwere Erkrankung, Rückkehr nach Wiedensahl und Lüthorst
1854/55	Busch in München
1856-66	Busch abwechselnd in Wiedensahl und München
1865	„Max und Moritz" erscheint in Buchform.
1868/69	Busch in Frankfurt/Main
1870	„Der hl. Antonius von Padua". Busch zwischendurch wieder in Wiedensahl, lebt im Elternhaus bei seinem Bruder Adolf und seiner Schwägerin Johanna und anschließend auf Dauer bei seiner Schwester Fanny und dem Schwager im Pfarrhaus von Wiedensahl.
1872	„Die Fromme Helene"

1874	„Dideldum" und „Kritik des Herzens"
1876	„Herr und Frau Knopp"
1879	Übersiedlung mit Schwester Fanny in das Pfarrwitwenhaus
1882-85	„Plisch und Plum", „Balduin Bählamm", „Maler Klecksel", die letzten Bildergeschichten
1891	„Eduards Traum"
1898	Im Oktober siedelt Busch mit Schwester Fanny zu seinem Neffen Otto Nöldeke in das Pastorat von Mechtshausen.
1902	Busch flieht vor dem Trubel zu seinem 70. Geburtstag zum Neffen Hermann Nöldeke nach Hattorf.
1908	Am 9. Januar stirbt Wilhelm Busch und wird auf dem Friedhof von Mechtshausen begraben.